I0833090

FRÉDÉRIC SOULIÉ.

LE PORT DE CRETEIL

VICTOR MAGEN, ÉDITEUR.

LE PORT

DE CRETEIL.

PARIS. — IMPRIMERIE DE Ve DONDEY-DUPRÉ,
Rue Saint-Louis, 46, au Marais.

LE PORT

DE CRETEIL

PAR

FRÉDÉRIC SOULIÉ.

I

PARIS,
VICTOR MAGEN, ÉDITEUR,
21, QUAI DES AUGUSTINS.

1843

LA TRAPPISTINE.

Ce serait une grave question à résoudre, que de rechercher et de décider si l'imagination des poètes est allée au-delà des actes de l'humanité, ou si l'humanité, dans ses crimes comme dans ses bizarreries, n'a pas laissé bien loin derrière elle les inventions les plus hardies. Pour ma part, je pense que, quand on est jeune, on se figure aisément qu'on dépasse dans ses rêves les bornes du vrai. La douleur ou les joies, les vertus ou les vices qu'on peint, le drame, quel qu'il soit, que l'on arrange, paraît toujours une création d'un accomplisement impossible. Quand on a un peu vieilli, et que la vie s'est montrée à nous sous la plupart de ses aspects, alors il me semble qu'on doit reconnaître que les plus sombres tragédies de la littérature et ses bouffonneries les plus comiques sont bien loin de la réalité. Il y a des crimes qu'on n'ose raconter; il se trouve des ridicules qu'on ne dit pas, tant ils sont inouïs.

Ces réflexions, que je faisais hier, me sont venues après que j'eus achevé la lecture de l'histoire que je publie aujourd'hui. Ce n'est pas qu'elle soit aussi bizarre et aussi étrange que la plupart de celles que l'on met dans les livres à la mode; mais elle m'a paru si empreinte de vérité, elle a tant de ressemblance, dans beaucoup de ses détails, avec ce qui se passe tous les jours dans le secret des familles, que j'en ai été profondément saisi. D'ailleurs, la manière dont ce récit est tombé dans mes mains en peut, je suppose, garantir l'authenticité. Mes lecteurs en seront juges.

En 1825, j'occupais, en province, la plus modeste des places qui relèvent du ministère des finances : j'étais surnuméraire des contributions directes, c'est-à-dire que je travaillais beaucoup et ne gagnais rien. Je résidais dans la ville de..., cité fort industrieuse et fort riche, que la Restauration avait, en peu d'années, repeuplée de couvents. Ainsi nous avions, outre un grand collége de jésuites irlandais, une maison de filles repenties, deux établissements de Picpus, hommes et femmes, une trappe masculine fort nombreuse et déjà célèbre, et un couvent de trappistines, retraite inaccessible même à la surveillance des gens du roi. On en racontait d'horribles choses : Il s'agissait de pénitences atroces, d'emprisonnements au milieu d'effrayants emblêmes. On parlait aussi de jeunes imprudentes qui, malgré la loi, ne pouvaient s'arracher à leur esclavage. Le procureur du roi avait voulu informer sur cette clameur de haro qui s'adressait au couvent ; mais les portes lui en avaient été formellement refusées; et, lorsqu'il avait voulu procéder avec vigueur, un avis du procureur général d'A...., magistrat assez rapproché des hautes puissances pour en connaître l'esprit, l'avait informé de la maladresse de son zèle. C'était donc un objet de vive curiosité que ce couvent, et le désir d'en savoir quelques secrets, ne fût-ce que d'en connaître l'ordre intérieur, préoccupait beaucoup de personnes. Pour ma part, je n'y pensais point.

A cette époque, il plut au ministre des finances d'ordonner une nouvelle répartition de l'impôt des portes et fenêtres. La loi qu'il obtint alors de ses députés, comme celle qu'on a votée et dévotée depuis, à propos de la contribution mobilière, serait une dure satire de la centralisation, et pourrait fournir un exposé fâcheux de son ignorance et de sa suffisante sottise, s'il était permis à un homme de lettres d'avoir un autre avis, en fait d'administration, que celui des ministres et des sous-préfets. Mais ce n'est point de lois ou de science administrative qu'il s'agit ; laissons donc chacun en repos dans son habit plus ou moins brodé. Ce qu'il faut dire, c'est que la loi fut exécutée, et que, pour ma part de surnuméraire, j'eus à relever le nombre des portes et fenêtres de la ville de..... et des communes qui l'environnent. Il me fallut donc visiter presque tous les couvents dont j'ai parlé ; et je pourrais ajouter ici, en forme d'observation pour servir à l'histoire du temps, qu'après avoir gagné de la dévotion des bonnes âmes du pays des donations qui les faisaient riches chacun de quinze à vingt mille livres de rente, tous ces couvents obtinrent de la centrale administration du département, soumise à la centrale administration de Paris, la remise de leurs impôts, sous prétexte de pauvreté.

Après avoir éprouvé plus ou moins de difficultés pour pénétrer dans ces pieux établissements, j'arrivai, armé du maire de la commune, de son percepteur et de son garde-champêtre, jusqu'au couvent des trappistines.

Nous sonnâmes à la porte extérieure, et tout aussitôt nous vîmes s'ouvrir un petit judas grillé, derrière lequel était un morceau de calicot noir, derrière lequel une voix se fit entendre et nous demanda ce que nous voulions. La tourière comprit probablement assez mal l'explication que je lui donnai de nos opérations ; mais elle entendit qu'il fallait obéir au gouvernement, et elle nous ferma le judas au nez. Le maire, qui n'avait pas pris son écharpe, l'envoya chercher au plus tôt par le garde-champêtre, et dès qu'il fut ceint de son autorité, il se reprit à sonner avec une violence qui décelait son irritation, et peut-être un peu de libéralisme. Le judas se rouvrit, et le maire, toujours ceint, fit tonner la loi, réclama obéissance, et s'obstina avec tant d'énergie, que la tourière décida qu'elle devait en référer à la supérieure ; puis le judas se referma, et nous demeurâmes encore à la porte. Une heure après, pendant laquelle le désir d'entrer dans le couvent s'était emparé de moi et s'était exalté au plus haut degré de curiosité ;

une heure après, dis-je, au lieu du judas nous vîmes tourner la porte du couvent, et l'on nous introduisit. Le maire me jeta un sourire de triomphe, et nous arrivâmes dans une petite salle basse. Ici, au lieu de la porte, nous trouvâmes une grille ; au lieu du judas, un guichet ; derrière ce guichet, encore un calicot noir. C'est alors que je reconnus que c'était le voile des religieuses de la Trappe. Ce calicot était impénétrable, et une voix grave et rude en sortit et nous demanda encore ce que nous désirions. Le maire s'avança, parla de l'autorité municipale, de l'obéissance due aux magistrats, et je vis l'instant où on allait nous mettre dehors ; enfin je m'avançai : j'expliquai, le plus humblement que je pus, à la supérieure, qu'il ne s'agissait que d'un simple recensement des fenêtres et des portes de la sainte maison, que cette opération serait bientôt terminée et pourrait se faire le plus souvent sans entrer dans les nombreux bâtiments qui composaient le couvent. Je lui fis observer que ses confrères picpus s'étaient soumis à cet examen, que les maisons des curés et le palais des évêques n'y avaient pas échappé, je l'appelai ma mère, j'assurai que nous n'avions aucune idée de violer la règle si pure de son ordre, mais que nous obéissions aux ordres formels du roi; je fus respectueux, humble, et si confus de ma mission, que la supérieure s'attendrit, et qu'après quelques débats elle consentit à ce que l'un de nous pénétrât dans le sanctuaire. Le choix ne pouvait être qu'entre le maire et moi. Il voulut faire valoir son écharpe, je lui opposai mon titre d'agent direct du gouvernement; il contesta, mais, la supérieure aidant, il fut décidé que ce serait moi qu'on admettrait. Immédiatement après cette décision, le maire et ses deux agrégés d'un côté, furent reconduits à la porte, le guichet se ferma de l'autre, et je me trouvai seul entre une grille et un mur.

L'attente fut longue, et les précautions qu'on prit à l'intérieur furent sans doute nombreuses. J'entendis résonner des clochettes de tous les timbres. Je vis aux fenêtres gril-

lées de la salle où j'étais, passer des ombres rapides, et lorsque la cloche plus grave de la chapelle se fit entendre, je présumai qu'on y avait réuni toutes les recluses de la maison, rappelées sans doute de leurs occupations journalières. Pendant ce temps de solitude, mille pensées diverses vinrent m'assaillir. J'étais le seul homme qui eût pénétré dans cette maison depuis sa création, l'infirmerie même était séparée, et le médecin pouvait y entrer sans rien voir des autres parties du couvent. Je me rappelai alors toutes les histoires qu'on débitait au sujet des religieuses de la Trappe. Je me figurai une belle jeune fille s'élançant d'une cellule et venant me demander secours; je compris tout l'embarras du rôle que j'aurais à jouer, j'y vis même quelque danger, et je me résolus à le braver, fût-ce celui d'une destitution; enfin j'en étais à un amour frénétique pour la victime de la superstition, lorsque la porte de la grille s'ouvrit, et le fisc entra où la justice n'avait pu pénétrer.

Deux femmes m'attendaient : l'une d'elles,

en robe de bure blanche, l'autre en serge noire, toutes deux la tête enveloppée du voile épais de calicot noir, les mains cachées dans la longueur démesurée de leurs manches, et les pieds dissimulés par les plis de leurs robes. La vieille, car je devinai en les approchant qu'il y en avait une vieille et une jeune, la vieille portait une clochette; la plus jeune, celle qui était vêtue de blanc, avait un énorme trousseau de clefs. Je voulus leur adresser la parole. Un geste m'imposa silence, et nous nous mîmes en marche, la blanche près de moi, la noire en avant, et agitant sa sonnette pour épouvanter les imprudentes qui pourraient se trouver encore sur notre passage. Nous quittâmes le premier bâtiment où était le parloir, et nous entrâmes dans un terrain assez pauvrement cultivé.

— Ici, vous pouvez parler, me dit d'une voix fraîche ma blanche conductrice. La noire me confirma cette liberté d'un ton rauque. Je décidai que la première avait vingt-cinq ans, et la seconde soixante; que la blanche était une femme souffrante et jetée à ce repaire par un désespoir d'amour, et que la noire était une vieille cuisinière dévote, qui avait apporté au couvent les cent écus de rente qu'elle avait volés, pendant quarante ans de service, à l'adjoint ou au curé de sa ville. Véritablement, je décidai cela sans voir ni visage, ni pieds, ni mains, ni taille. Quant à la démarche, il était difficile d'y trouver le moindre jour à éclairer mes conjectures, car la vieille était fort leste et la jeune se traînait péniblement; mais je jugeai que ce devait être souffrance, et je maintins l'infaillibilité de ma décision. Aussi, ce fut à elle que je m'adressai, et j'adoucis ma voix jusqu'à ses inflexions les plus pénétrantes pour lui parler et l'appeler ma sœur...

— Ma sœur, lui dis-je, il faut maintenant que vous me fassiez voir tous les bâtiments que vous occupez, soit comme habitation, soit pendant vos travaux; les seuls que je n'aie pas à visiter sont ceux qui sont consacrés au service divin.

Elle ne me répondit pas, et la vieille se remit en tête en faisant *sonner sa sonnette.* Je profitai du bruit pour essayer une conversation pendant que nous traversions le jardin; j'en prix texte pour commencer, et je lui dis :

— Ma sœur, votre jardin me paraît bien mal cultivé ; votre jardinier est peut-être bien vieux pour un si vaste enclos?

— Hélas! me répondit-elle avec un soupir, c'est l'ouvrage de quelques faibles femmes ; il n'est pas étonnant qu'elles s'en acquittent si mal.

— Quoi! repris-je, un si rude travail est imposé à des femmes?

— Silence! me dit-elle, nous voici au réfectoire.

Nous entrâmes dans une longue salle. Au bout, un grand crucifix ; à droite et à gauche, un banc et une longue table ; au milieu, une chaise plus élevée et une petite table, sans doute pour la supérieure ou la lectrice, je ne sais laquelle. Dès notre entrée, les deux religieuses s'étaient mises à genoux et priaient ;

je pris non-seulement le temps de compter les fenêtres, j'examinai encore tous les recoins de cette salle : elle était d'une propreté irréprochable, et cependant elle exhalait une odeur aigre et rance à la fois. Je pris mes notes, et nous sortîmes. Je vis les cuisines ; c'étaient de grands chaudrons sur de grands fourneaux ; on y cuisait, sans sel ni beurre, des légumes mal venus, dans une partie desquels on ajoutait du pain pour faire la soupe. Tout cela était encore propre à l'œil, mais dégoûtant à l'odorat. Sur l'escalier que me fit prendre ma conductrice, elle me parla la première.

— Nous allons au dortoir, me dit-elle ; il est permis d'y parler. Si vous avez des questions à me faire pour votre travail, faites-les-moi là, car je ne pourrai plus vous répondre que dans le jardin, où vous ne sauriez écrire.

Nous arrivâmes, et ma religieuse blanche prit ses clés pour ouvrir la porte du dortoir. Sa main était enveloppée dans les plis de sa manche, comme à l'ordinaire ; mais la serrure résista, et, pendant que mon héroïne faisait effort pour tourner la clé, la manche descendit sur l'avant-bras, et me laissa voir une main d'une grâce et d'une pureté achevées. A cet aspect, j'oubliai le couvent, et, prenant dans la mienne la petite main de la trappistine et la clé qu'elle tourmentait vainement, je fis jouer la serrure, et j'ouvris, au risque de lui briser les doigts. Elle poussa un cri bien faible, et s'appuya vivement sur mon bras ; à coup sûr, elle le pressa ; je m'excusai sur mon empressement. Dans le mouvement de tête avec lequel on accueillit mes maladroites explications, je retrouvai toute la femme du monde, lorsqu'elle vous dit du geste : C'est assez, n'en parlons plus ; et qu'elle pense tout bas : Vous êtes un butor, ne soyez pas un sot. La vieille grogna quelque chose dans ses gencives, et je crus vraiment à une aventure.

Le dortoir était une salle de quinze pieds de haut, partagée dans toute sa longueur par un corridor de quatre pieds de large. A droite et à gauche, des cloisons qui s'élevaient à six pieds tout au plus, divisaient cette vaste salle en cellules étroites et sans plafond particulier, de façon que quelqu'un qui se fût trouvé au haut de la salle eût facilement plongé dans toutes les cellules. Je le remarquai sur-le-champ ; et une rosace fort bien travaillée, placée au centre du plafond commun, et dont les arabesques pouvaient déguiser de petites percées, me sembla propre à cette invisible surveillance. Toutes les portes des cellules étaient ouvertes, sans doute pour leur donner de l'air; car, dans le dortoir comme ailleurs, l'odeur fâcheuse dont j'ai parlé saisissait vivement l'odorat. J'examinai l'intérieur des cellules : elles se composaient d'un lit en planches avec un seul matelas; point de couvertures ni de draps. C'est là que j'appris que les trappistines devaient coucher dans leurs vêtements, sans qu'il leur fût permis de les changer que pour en prendre de nouveaux lorsqu'ils étaient usés. Outre le lit, une planche, clouée près du chevet, supportait un pot à eau de faïence et quelque objet particulier à la religieuse qui occupait la cellule ; le plus souvent, c'était une estampe représentant un saint préféré,quelquefois des os en sautoir; dans une seule, j'aperçus une tête de mort; dans celle-là, je remarquai aussi que les planches étaient sans matelas. Je m'arrêtai, et les tristes réflexions que l'aspect de cette rigueur envers soi m'avait inspirées me tinrent immobile à regarder.

— Quelle affreuse punition! m'écriai-je malgré moi.

— Ce n'est point une punition, me dit la noire religieuse; c'est une grâce. Sœur Rosalie a obtenu de notre Saint-Père le droit de coucher ainsi sur la dure: c'est la récompense de ses mortifications.

Je me crus au siezième siècle : je regardais ma trappistine à la jolie main; elle faisait signe à sa compagne de se taire; celle-ci continua :

— Je puis dire cela, reprit-elle, car c'est aussi glorifier le Seigneur que de vous glorifier aux yeux d'un étranger, puisque c'est Dieu qui vous donne, si jeune, la force de supporter ces combats.

Elle était donc jeune, elle devait être belle; c'était elle qui souffrait cet horrible traitement, et elle l'avait souhaité! Une pitié indicible fit place aux sottes idées qui m'avaient occupé; je tournai les yeux vers sœur Rosalie. Il me sembla que je la voyais à travers son voile; elle me parut pâle, meurtrie, défigurée, et mes yeux se remplirent de larmes. Vit-elle ce mouvement, et le comprit-elle? Je ne sais; mais elle sortit vivement du dortoir, et par une assez longue file de corridors silencieux, et où résonnait seule la sonnette de la vieille, elle me conduisit dans une petite cour carrée. Cette cour était environnée de petits bâtiments élevés seulement d'un rez-de-chaussée, et ne prenant jour que sur la cour. Je demandai ce que c'était.

— Ce sont nos cloîtres, me répondit sœur Rosalie.

— Vos cloîtres, lui dis-je en hésitant; j'avoue que je croyais que tout le couvent portait ce nom ; mais il paraît que c'est à ce lieu qu'on l'applique seulement. A quel usage est-il employé?

Les religieuses hésitèrent encore plus que moi, et ne purent me donner d'explication. J'insistai, en leur rappelant que je devais savoir la destination de chaque bâtiment; enfin, je demandai, comme moyen terme entre mon embarras et le leur, d'y être introduit.

— C'est impossible ! s'écria la vieille, la règle est inflexible sur cet article.

— Peut-être, dit sœur Rosalie.

La religieuse à la sonnette répliqua sèchement qu'elle ne permettrait pas que j'entrasse : enfin, après un moment de discussion, sœur Rosalie lui dit :

— Eh bien! il faut consulter notre mère. Voulez-vous y aller?

La vieille accepta avec empressement, sûre, disait-elle, de la réponse de la supérieure ; et elle s'éloigna. J'étais fort embarrassé, et, sans y penser, je renouvelai mes questions, et demandai à quoi servaient les cloîtres.

— C'est le lieu où s'accomplissent nos pénitences; vous n'y entrerez pas. Jamais on ne vous laissera voir, ni les corsets hérissés de fer, ni les disciplines ensanglantées qui s'y trouvent. Je le savais, mais je voulais rester seule avec vous un moment.

— Que puis-je pour vous? m'écriai-je.

— Me jurer sur Dieu... ou sur l'honneur, comme vous voudrez, de faire ce que je vais vous demander.

— Je vous le jure, lui répondis-je.

— Prenez ces papiers, répliqua-t-elle, faites-les parvenir à leur adresse. Peut-être celui à qui je les envoie n'est-il plus en France; cherchez-le, et trouvez-le pour qu'il ne me maudisse pas à son lit de mort, comme il l'a déjà fait.

A ces mots, elle tira de dessous son voile un petit paquet, soigneusement enveloppé, qu'elle me remit. Ce geste me laissa voir sa figure; elle me regarda avec un amer sourire, en voyant ma confuse admiration à l'aspect de son noble et beau visage. Oui, semblait-elle me dire, j'ai été belle, riche, élevée, et je suis sous le sale et grossier vêtement d'une recluse. J'étais si stupéfait, qu'elle m'arracha à mon étonnement en me disant :

— Et vous ferez tout ce que vous pourrez pour trouver celui à qui je fais cet envoi?

— Je le jure encore, lui répondis-je avec un accent où j'aurais voulu mettre l'affection d'un frère ; mais, ajoutai-je, si mes recherches étaient infructueuses, que ferais-je de ces papiers?

— Eh bien! me dit-elle, gardez-les dix ans, et si, après ce temps écoulé, vous n'avez rien découvert, je vous en fais maître.

Aussitôt la vieille arriva. La supérieure avait défendu qu'on visitât les cloîtres, et, quelques moments après, je sortis du couvent. Je lus avec empressement la suscription du paquet, il était adressé à M. le baron de... Je tâchai de découvrir une personne de ce nom, et j'appris enfin qu'un Français, ainsi appelé, habitait la Martinique. Huit jours après, un bâtiment apporta la nouvelle de sa mort. Je pensai d'abord à rendre les papiers à sœur Rosalie; mais je savais trop que je pouvais l'exposer à des rigueurs inouïes, s'ils enfermaient la moindre plainte sur la retraite où elle était. Je me décidai à les garder. Hier, dix ans se sont accomplis depuis ma visite à la Trappe, et j'ai brisé le cachet du manuscrit qui m'avait été confié. Il est écrit très fin, sur du papier fort soigné, et je n'en ai changé que les noms :

« Mon père,

« En vous écrivant du fond de ma retraite, je manque aux nouveaux et saints devoirs que je me suis imposés. Ici, il ne m'est plus permis de penser au monde que j'ai quitté ; ma vie ne peut être qu'une pénitence, et je ne dois avoir d'autre espoir que celui du pardon de Dieu. Mais il m'absoudra, sans doute, d'avoir voulu celui de mon père, d'avoir gardé dans mon cœur l'effroi de sa colère et la douleur de sa malédiction, et d'avoir essayé de lui épargner envers moi une rigueur que je ne méritais pas ; car la malédiction qui se lève entre un père et son enfant les déchire également, et les proscrit tous deux de l'amour sacré où ils devraient vivre l'un pour l'autre. Que mes paroles, mon père, soient pour vous sincères et vraies, quoi qu'elles puissent vous dire ; que pour vous elles soient justes, quelque accusation qu'elles portent, car elles sont saintes comme celles d'une mourante, peut-être plus saintes encore. La mort, en effet, ne me séparerait pas plus des intérêts de cette vie, que les murs où je suis et qui s'élèvent entre elle et moi : dans cette maison, où le corps se traîne encore, la vie est déjà morte, et l'existence de ceux qu'elle renferme n'a d'autre avenir que de changer un jour de tombeau.

« Maintenant, mon père, rappelez-vous ce que j'ai quitté : une position brillante, une famille qui m'entourait d'affections, un mari qui m'adorait, une longue habitude des plaisirs élégants, et pensez qu'à tout cela j'ai préféré une retraite absolue au sein d'une dévotion insensée, une existence idiote où les pratiques les plus cruelles et les plus absurdes viennent insulter au reste de raison qu'on y garde. Imaginez-vous votre fille, que vous trouviez si frêle pour une vie heureuse, condamnée, pour la moindre faute, à marcher pieds nus sur des dalles glacées ou parmi des sentiers incultes; figurez-vous qu'au lieu d'entrer belle et parée dans quelque somptueux salon, elle passe des jours entiers à genoux sur la terre, pour en arracher avec ses ongles de longs bâtons qu'on y a enfoncés avec le marteau, et dites-vous que, pour qu'elle ait déserté toutes ces séductions pour tant de misères, il a fallu qu'il y eût sous cette vie, apparente en félicités, un serpent bien acharné à lui dévorer le cœur.

« Ainsi, depuis que j'ai quitté votre maison pour celle de mon mari, vous n'avez pas passé un seul jour sans me voir, et cependant il faut que je vous raconte ma vie comme si vous m'étiez étranger. Écoutez-moi donc, et puissé-je en creusant tant de cruels souvenirs ne pas en faire passer l'amertume dans mon récit.

« En mil huit cent dix-sept, j'épousai, de votre choix et avec amour, Émile Varni ; il était un si jeune homme et moi une si jeune fille, que c'était un doux spectacle que de nous voir unis. Votre prudence ne conçut point d'alarmes de cette extrême jeunesse. Je n'y vis qu'un plus long avenir de bonheur. Émile, vous devez vous le rappeler, était déjà un de ces esprits froids pour les affaires, enthousiaste dans ses affections, qui font les hommes supérieurs. Ce qui vous charmait en lui, c'était la régularité de sa conduite, ses principes sévères et cette rigide probité qui l'avait, à son âge, placé si haut dans l'estime des hommes les plus influents du commerce. Ce qui m'avait portée à le distinguer, c'était son respect et son amour pour son père, son affection pour sa famille, son oubli de lui-même pour le bonheur de tout ce qui l'entourait. De cette distinction, il fit bien vite de l'amour. Vous connaissez sa conversation facile et pénétrante, sa franche gaîté, si prompte à s'attendrir, l'heureuse légèreté de son esprit, toujours prêt à aborder les plus graves intérêts; vous savez aussi ce que sa jeunesse avait de grâce, quel visage candide et quel sourire d'enfant promettait une âme toute de vérité. Je l'aimai, non pas avec le délire d'une femme passionnée, mais avec le respect d'un être faible. Je lui remis ma vie, comme vous lui eussiez confié votre fortune; pour lui, j'abdiquai ma volonté, mon jugement même. Était-ce lui qui m'avait ainsi fascinée, était-ce moi qui m'étais créé cette domination? Je ne sais, mais enfin je lui appartenais. Émile, de son côté, m'entourait de si nombreuses attentions, il prenait tant de soins de ma beauté, il était si fier de me voir brillante et parée, que je me sentis aimée comme j'aimais. Il n'y avait, dans notre tendresse, que cette différence, c'est que pour lui j'eusse pris, et que peut-être je prenais jusqu'aux soins de la servitude, tant son bonheur intime était ma seule pensée; pendant que lui s'inquiétait davantage de ma vie extérieure. Mes plaisirs l'occupaient beaucoup, mes succès le flattaient, et il y ajoutait pour moi l'hommage, hautement avoué, d'un amour dont il faisait le monde témoin. Moi, plus craintive, ce n'était qu'à lui que je montrais le mien. Aussi, à plusieurs fois, votre affection fut-elle obligée de me défendre contre des étrangers, d'un reproche de froideur. Qu'importe, il se passa deux ans durant lesquels aucun chagrin ne vint altérer ma confiance dans un éternel bonheur. Après ces deux ans passés, Émile était pour moi l'homme du premier jour de notre mariage. Rien n'avait démenti la constante douceur de son caractère; la considération dont il jouissait s'étendait chaque jour; j'étais fière de mon nom.

« Cependant Émile augmentait peu à peu le train de notre maison. il voyait s'élever autour de lui tous ses anciens camarades de collége, et ne voulait pas demeurer en arrière, dans ce mouvement général qui, depuis 1816, a créé tant de vastes entreprises. Il étendait les relations de son commerce, et, bien jeune, se plaçait en première ligne. J'étais demeurée étrangère au secret de ses affaires; mais je lui connaissais tant d'activité et de prudence, que je ne m'inquiétais point des dépenses auxquelles il se livrait, surtout pour moi. C'étaient, à tout propos, de nouveaux bijoux, des meubles de mode, des profusions d'objets de toilette. Une fois que je lui dis combien toutes ces choses étaient inutiles à mon bonheur, il me répondit presque sèchement : — Je ne veux pas que ma femme soit moins brillante que celle de B.... C'était un de ses amis qui avait acquis une fortune énorme en peu d'années, et qui la dépensait avec éclat. J'aurais voulu moins de vanité dans la réponse de mon mari, et peut-être plus de soin de ma satisfaction et non pas de la sienne. Je ne sais pourquoi il me sembla qu'il eût paré comme moi la plus sotte créature, si elle eût porté son nom. Pour si peu de chose, c'était trop de réflexions peut-être; mais ma raison se le dit vainement, je ne pus m'empêcher d'être triste. Ce fut la première alarme de mon cœur; elle s'adressa à l'amour d'Émile, et ne fit qu'augmenter le mien : car je pensai que que si mon mari me chérissait moins que je l'adorais, c'est que je ne le méritais pas.

« Ce nuage passa ; mais cet incident avait dirigé mes regards, et une fois je me pris à ne pas vouloir être complice d'une vanité puérile; car je sentis trop vivement que le riche présent qui m'était offert était destiné à l'admiration des autres. Ce fut le premier caprice dont on m'accusa, doucement, si doucement, que je me laissai fléchir, et que j'eus le tort d'aller, le soir même, éblouir par mon luxe un salon où se trouvaient dix femmes plus riches que nous l'étions. Durant toute cette soirée, Émile s'enivra de mon triomphe; je fus prête un moment à en pleurer, car je comprenais les chuchottements que je n'entendais pas; je voyais les regards dénigrants qui s'arrêtaient sur mes yeux baissés et confus. Un ami étant venu me faire compliment sur ma parure pendant que mon mari était près de moi, Émile me regarda avec complaisance, et répondit d'un air dégagé :

« — C'est qu'il est rare que ce que choisit et achète ma femme ne soit pas de très bon goût.

« L'observation me parut étrange après ce qui s'était passé.

« Lorsque nous quittâmes la réunion, notre rôle changea ; je me sentis dégagée du poids de tout ce monde, mais Émile tomba de sa gaîté vaniteuse dans une morne préoccupation. Il ne m'adressa pas la parole jusqu'au moment où nous rentrâmes, et prit avidement des mains de son domestique une lettre que celui-ci dit avoir été apportée fort tard. Émile, qui gardait toujours dans ses moindres actions une froideur lente et digne, la lut avec anxiété, debout sur le pallier de notre appartement, à la lueur du flambleau que tenait le domestique, qui ne put m'éclairer jusque chez moi. Le froid me saisissait. Je gagnai ma chambre à tâtons. Un moment après, Émile y entra ; il voulut être gai, et ne trouva que quelques médisances pour plaisanteries. Ce n'était pas son habitude. Il me dit que j'avais été belle à ravir, et me répéta souvent ce mot, comme une formule toute faite qui ne coûtait rien à sa pensée, et qui lui permettait de ne pas se distraire de ses réflexions. Je craignais un malheur. Je hasardai une question : il en parut surpris et presque irrité ; puis, il s'approcha, et me dit avec un doux sourire :

« — Allons, enfant, veux-tu que l'ennui des affaires vienne peser sur ton sommeil? Laisse à des têtes plus graves ce souci ; la tienne ne doit se tourmenter que du soin de tes plaisirs.

« Il me sembla qu'il s'en occupait beaucoup plus que moi ; il me sembla aussi qu'on pouvait croire le contraire, d'après la façon dont il avait répondu à son ami. Émile se retira pour écrire. Je fus mal satisfaite de ses adieux : je me couchai en pleurant. Une heure après, je me disais que j'étais une folle, quoique l'instinct du cœur murmurât sourdement en moi et malgré moi. O mon père ! l'homme a trop de confiance en sa raison, et il oublie trop que Dieu ne l'a pas privé de ces avertissements indéfinissables qui lui annoncent le malheur, comme l'orage aux animaux.

«Le matin, comme nous déjeûnions, on annonça M. Dallois, agent de change.

« — Enfin vous vous décidez à comprendre les affaires en grand, dit-il à mon mari dès qu'il m'eût saluée ; voyons, achetons-nous ? vendons-nous ? Bien choisir, voilà tout le secret. Dans vos commerces industriels, vous pelottez sur des bénéfices de quelques sous : il n'y a qu'à la Bourse que se joue le grand jeu de la fortune.

« — Mon mari fait donc des opérations de Bourse ? m'écriai-je vivement.

« — Il s'y met, me répondit M. Dallois avec un sourire que je trouvais sans signification alors, et qui depuis m'a semblé d'une atroce raillerie, et cela doit vous charmer, car on va vite chez nous, et quand on a tant de charmes à faire briller...

« — Mais, dis-je en interrompant les fadeurs de l'agent de change, si l'on y va si vite, c'est sans doute en y risquant beaucoup.

— Ah ! ah ! répliqua M. Dallois avec un geste significatif...

« — Allons, allons, dit vivement Émile, je crois que voilà ma femme, qui comprend tout au plus un livre de ménage, qui veut causer d'affaires, et Dallois n'est-il pas tout prêt à lui expliquer ce que c'est qu'un marché à terme ou un report. Venez, mon cher, passons dans mon cabinet, nous causerons...

« Puis, se tournant vers moi, il ajouta avec cet air de confiance qu'il prenait si bien, quand il voulait me persuader quelque chose :

« — Quant à toi, Fanny, habille-toi, car je veux que Dallois nous mène chez son carrossier.

« — Est-ce que vous changez votre cabriolet? reprit celui-ci en se levant.

« — Non, répondit Émile, je le garde pour mes affaires; mais ma femme ne sait comment sortir, quand je ne suis pas là, et je veux lui donner une voiture qu'elle me demande.

« — Parbleu! c'est une idée, dit l'agent de change, et voilà ce que c'est que d'adorer sa femme. A propos, vous savez que Villon a disparu hier en laissant la sienne sur le pavé. On parle de deux millions de faillite, c'est beau pour un commerçant. Est-ce que vous ne faisiez pas des affaires avec lui?

«—Autrefois, répondit mon mari en entraînant Dallois dans son cabinet; mais j'avais presseuti sa ruine; et nous n'avons plus de rapports.

« Je n'entendis pas le reste de sa conversation. Tout ceci, mon père, semblerait, à d'autres yeux que les vôtres, d'inutiles souvenirs et des observations puériles; mais vous, vous y devinerez ce que des indifférents ne pouvaient comprendre. Ce fut encore pour moi un étonnement et une douleur. J'avais voulu faire une observation sur le genre d'affaires qu'allait entreprendre mon mari, et il m'avait imposé silence comme à une enfant étourdie. Pour la première fois, je remarquai cette exclusion qu'il faisait de moi, lorsqu'il s'agissait de quelque grave entretien. Je me rappelai même que toujours il avait mis une sorte d'affectation à me reléguer aux yeux de tous dans un cercle d'idées misérables : s'occupait-on devant moi de hautes questions de morale, de politique ou d'industrie ! — Ah ! s'écriait Émile, Fanny n'entend rien à tout cela ; parlez lui fêtes ou spectacles, ou vous ne serez pas de ses amis. — Et j'acceptais en riant ce rôle de frivolité, sans comprendre où il me conduirait. Le jour dont je vous parle, je fus blessée de ce mépris de mon intelligence. Alors je ne savais ce que c'était que la Bourse; j'ignorais qu'il y avait à Paris soixante privilégiés, sous le titre d'agents de change, qui faisaient jouer à des dupes un jeu puni par la loi. J'ignorais qu'on achetât un million le droit de mériter tous les jours la prison ; mais le mot de Bourse m'épouvantait ; je l'avais entendu associer à tant de ruines et de déshonneurs, que je ne pus contenir mon effroi. Ce qui rendit mes réflexions encore plus douloureuses, ce fut le mot d'Émile, à propos de ma prétendue demande d'une voiture, dont je ne lui avais jamais parlé. Suis-je donc, me demandai-je, l'excuse banale de toutes ces ruineuses superfluités? — Voilà ce que c'est que d'adorer sa femme, avait dit Dallois. — L'amour qu'Émile affectait si publiquement n'était-il qu'une faiblesse jouée dont il revêtait aux yeux du monde ses volontés cachées? Enfin cette assurance qu'il avait donnée qu'il ne faisait plus d'affaires avec Villon, lorsque je le savais lié d'intérêts considérables avec lui, me parut un manque de vérité, au moins répréhensible, au moment où il allait entamer de nouvelles relations.

« Aujourd'hui, mon père, je vous fais voir le sens exact de mes réflexions, mais ce n'est pas ainsi qu'elles me vinrent. Ce fut un pénible tourment, une vague souffrance, une longue suite d'idées incohérentes, que je repoussais, lorsqu'elles se présentaient trop lucidement à moi. Si j'étais inquiète, j'étais bien loin d'être malheureuse; mais, comme le sommeil qu'agite un rêve, je sentais mon bonheur tourmenté; ce n'était plus la confiance, ce n'était pas encore le soupçon; s'il m'avait fallu résumer ma pensée en ce peu de mots : je doute de l'amour ou de la franchise de mon mari, j'eusse reculé avec épouvante ; aussi, vous comprendrez que ces jours de tristesse devaient s'effacer bien vite, et puis le passé me rassurait si bien, qu'il eût fallu une âme plus forte que la mienne pour troubler, sur de si faibles indices, le repos heureux de ma vie. Nous prîmes voiture, vous devez vous le rappeler, et lorsque j'entendis partout que c'était une sûre marque de la prospérité des affaires de M. Varni, je repoussai, comme coupable, toute alarme sur sa prudence, je me laissai aller aussi à la vanité d'une brillante position, et peut-être en aimé-je davantage mon mari, comme une réparation muette d'une injustice envers lui.

« Cependant un objet plus sérieux amena entre nous, ou plutôt amena de sa part une douloureuse division dans la communauté de nos sentiments. Jusqu'à présent, mon père, je ne vous ai pas parlé de quelques chagrins de notre vie, parce que ceux que je partageais avec

Emile me semblaient aisés à supporter; il y en avait un surtout qui nous affligeait vivement tous deux, et qu'un jour il jeta tout entier sur moi, avec une cruauté que je ne méritais pas: nous n'avions point d'enfants. Bien souvent, lorsque j'allais dans notre nombreuse famille, je me prenais à pleurer en entendant le doux nom de mère bégayé près de moi; Émile aussi était triste, mais il me consolait, et me rendait l'espérance. Il me rassurait sur son amour qui n'avait pas besoin, disait-il, de nouveaux liens pour être indestructible. Ce fut ainsi durant deux ans. Mais à partir de ces premiers moments, où son affection envers moi ne me sembla pas aussi pure que jadis, à partir de ce temps, je m'aperçus qu'il gardait le silence, quand j'étais triste de ce poignant chagrin. Si, dans le monde, un maladroit me jetait quelque lourde plaisanterie sur ce qu'il appelait gracieusement ma paresse, Émile ne répliquait plus pour moi par quelque incisive moquerie qui m'affranchissait de nouvelles attaques. Si moi-même je me plaignais de ce vide dans nos affections, il ne s'empressait plus à arrêter le cours de mes pensées; il se taisait en soupirant amèrement. Un événement, dont le secret nous fut révélé par un ami, fit éclater ses sentiments à ce sujet.

« On venait d'apprendre la mort de M. A..., jeune homme plein de brillantes qualités, et qui, dans un voyage en Suisse, avait péri misérablement dans un abîme qu'il avait voulu franchir; un de nos amis, parent de M. A..., en nous racontant ce malheur laissa échapper cette phrase :

« — Du jour où il a été ruiné, j'avais prévu cet horrible suicide.

« —Ruiné! suicide! s'écria vivement Émile; mais on dit qu'il laisse une fortune considérable à sa femme, et que sa mort est un accident.

« — Sans doute, on le dit, et cela est vrai pour tout le monde; mais vous ignorez à quel prix sa femme et ses enfants sont riches. Il y a six mois environ, A... vint chez moi et me confia sa ruine : Écoute, me dit-il, je ne laisserai pas dans la misère la femme qui m'a apporté une dot immense ; je n'y veux pas laisser mes enfants ; il faut qu'après ma mort, ils ne maudissent pas mon imprudence : je me suis fait assurer sur la vie, au profit de ma femme, pour une somme de cinq cent mille francs ; j'en ai fait autant pour mes enfants. —Eh bien! lui dis-je, c'est excellent pour l'avenir, mais le présent? —Le présent, me répondit-il avec un rire amer, je n'y ai pas encore pensé. L'expression de son visage m'étonna ; je crus y deviner son projet, et le lui dis ; il ne le nia pas, je lui en fis honte ; je lui offris de l'aider de ma fortune et de mon crédit, et je le décidai à tenter encore le sort des affaires. —Eh bien! soit, dit-il en me quittant, je travaillerai, car la vie m'est douce avec une femme que j'aime, mais que j'aime mieux savoir triste que pauvre. On se console d'une perte ; le chagrin s'efface dans le temps, comme les objets dans l'éloignement, mais la misère est une douleur qui marche côte à côte de notre vie, et qui ne l'abandonne jamais. — Il me quitta, et, bientôt après, il tenta quelques nouvelles opérations ; mais, par une fatalité inexplicable, elles échouèrent toutes ; soins, habileté, rien n'y manqua ; aussi le découragement d'A... fut-il complet. Je cherchais encore le moyen de l'en arracher, lorsqu'il y a un mois, je reçus le billet suivant : « Je pars pour la Suisse, sous prétexte de santé ; tu verras que mon premier projet était le meilleur. » Trois semaines après, nous reçûmes la nouvelle de sa mort, et la compagnie d'assurance, qui n'a pu voir, grâce aux précautions d'A..., qu'une imprudence dans sa mort et non pas un suicide prémédité, a dû hier payer à la veuve et aux enfants, la somme énorme que mon pauvre ami leur lègue au prix de sa vie.

« Ce récit nous laissa pensifs, Émile et moi. Nous étions seuls, et je ne sais comment, obéissant à mes réflexions, je me pris à dire tout haut :

« — Quel dévoûment pour sa femme ! quel dévoûment inouï !

« — Pour sa femme ! reprit amèrement Émile, sans doute, pour sa femme ! cela se conçoit, elle était aussi la mère de ses enfants.

« Je regardai Émile avec un douloureux étonnement.

« — Ah ! s'écria-t-il, sans comprendre que chacune de ses paroles me saignait le cœur, ah ! c'est un titre sacré qui peut commander bien des sacrifices, qui peut obtenir bien des pardons. Mais moi, moi, continua-t-il en s'exaltant à mesure qu'il parlait, je n'ai point d'enfants, je n'en aurai jamais ; jamais d'enfants que je puisse aimer de cet amour qui n'a pas d'égal sur la terre.

« Je demeurai confondue, je n'eus ni la force de répondre, ni celle de pleurer. Émile me quitta froidement, comme si je ne l'eusse pas compris. Il avait raison, je ne l'avais pas compris. J'avais, à la vérité, senti son désespoir que j'avais tant de fois partagé ; j'avais subi cette révélation cruelle de son cœur qui mettait si bas le titre d'épouse pour rehausser celui de mère : mais je n'avais pas compris que cette parole était le premier jalon de la route de douleurs que j'avais à parcourir. Ne pensez pas cependant, mon père, que parmi les premiers tourments j'aie jamais laissé échapper une plainte ; ils étaient alors si légers, ils semblaient si peu alarmants ! Aujourd'hui, je me les rappelle un à un, parce qu'ils me font voir par quel insensible détour on s'éloigne du bonheur.

« Cependant à cette époque la vie d'Émile changea complètement ; ses affaires se multipliaient ; à peine rentrait-il chez lui, où je ne le voyais que fatigué et toujours préoccupé. La maison était assiégée de gens de toutes sortes ; on n'y parlait plus que d'entreprises colossales. Je craignais que mon mari ne fût tombé parmi des intrigants ; il me présenta chez les plus considérables de ses nouvelles connaissances, et je me trouvai dans un monde que je ne connaissais pas, et dont le faste m'étonna. J'y rencontrai quelques-uns des hommes les plus marquants dans les affaires publiques et des noms de la plus haute aristocratie, qui servaient de leur influence ou de leur fortune les vastes projets auxquels mon mari était associé. Les habitudes de cette société, toute de luxe, m'entraînèrent dans une vie bien différente de celle que javais menée jusque là. Sur les vives excitations de mon mari, j'abandonnai, pour ainsi dire, le soin de notre ménage, et je me livrai aux plaisirs qu'on m'offrait de tous côtés ; ainsi tout un été se passa à voyager de châteaux en châteaux, presque toujours seule, tant les nombreuses occupations d'Émile le tenaient arrêté à Paris. Ce fut pendant ces jours d'isolement qu'un homme, dont le nom fait trembler ma main lorsqu'elle l'écrit, ce fut alors que pour la première fois je vis M. de Nattière. Sa fortune passait pour considérable, le succès de ses opérations financières l'avait placé parmi les spéculateurs les plus habiles de la France ; il vivait d'égalité avec les plus nobles de la cour, et quoiqu'il ne fût plus un jeune homme, il avait conservé une élégance si parfaite qu'on le disait un des hommes les plus séduisants de la belle compagnie. Quelle que fût sa réputation, je ne pris pas garde à lui, et ce ne fut qu'une plaisanterie d'Émile qui me fit apercevoir que M. de Nattière faisait attention à moi. Il s'était uni d'intimité avec mon mari, et était l'âme de toutes les espérances qu'il nourrissait. Mon estime de moi-même se félicita de la confiance qu'Émile parut avoir en moi en cette occasion, mais en même temps mon amour en fut blessé. Je me surprenais à lui désirer de la jalousie ; j'avais été si souvent triste d'une coquetterie qui lui était adressée, que moi qui l'aimais de toute l'étendue de mon âme, j'aurais voulu retrouver en lui cette inquiétude inséparable de mon amour. Il m'arriva même plusieurs fois, pendant le peu d'instants qu'il arrachait à ses affaires pour venir près de moi, de lui faire entendre que les assiduités de M. de Nattière m'étaient importunes, et je le sollicitai de me ramener à Paris. Mais Émile ne répondait à mes plaintes qu'en riant ; il accusait ma vanité et mon ignorance des prétendus torts de M. de Nattière. Je n'entendais rien, disait-il, aux usages du monde où je vivais, et je prenais pour une cour attentive ce qui n'était qu'un souvenir de cette courtoisie passionnée de nos vieilles mœurs. Cependant la dernière explication que nous eûmes avec Émile fut si ferme de ma part, qu'il m'assura qu'il ne me laisserait pas plus longtemps dans le château que j'habitais. J'avais à peine obtenu cette promesse, qu'il ajouta en s'éloignant, comme si c'eût été un projet convenu entre nous :

« — Ainsi, tu rentreras à Paris immédiatement après ta visite au château d'Alane?

« Je connaissais trop cette manière adroite d'Émile de jeter, comme arrêtée, dans la discussion, une chose dont on n'avait même pas parlé, pour ne pas m'en expliquer sur-le-champ :

« — Comment! m'écriai-je; encore une visite au château d'Alane? je ne veux pas y aller.

« A ce dernier mot, mon père, une effroyable lueur me traversa le cœur, mais si rapide qu'elle ne put cependant m'éclairer ; ce fut le regard que me lança Émile à cette première expression d'une volonté opposée à la sienne. Tout son visage, si jeune, si frais, si rosé, devint d'une couleur livide ; son œil bleu et voilé s'arrêta sur moi terne et ouvert ; un tressaillement flasque fit presque pendre ses joues, et un sourire repoussant descendit si bas les coins de sa bouche, que son aspect m'épouvanta : c'était la première fois que je le voyais irrité à ce point. La physionomie de sa colère fut surtout ce qui me frappa. Ceci vous paraîtra étrange, mon père, mais l'amour se plaît à parer jusqu'aux défauts les plus condamnables ; ainsi, dans mon imagination, je m'étais quelquefois bâti des romans où je voyais Émile incapable de se maîtriser, mais son irritation m'apparaissait alors pleine d'une fierté terrible. Le jour dont je vous parle, il me sembla repoussant. Croiriez-vous que ce fut encore comme une illusion détruite. Cependant ce sentiment ne dura pas plus que le regard qui l'avait fait naître. Comme une de ces images fantasmagoriques qui affectent tour à tour, et avec la rapidité de l'éclair, les formes les plus hideuses et les plus élégantes, toute cette cruelle expression s'effaça du visage d'Émile, elle s'effaça en un moment, et j'y retrouvai aussitôt son vif enjouement, son doux sourire et la tendre lumière de ses yeux.

« — Eh bien! me dit-il, si tu ne le veux pas, tu n'iras pas; mais si je t'en prie, tu le feras : car notre rôle est changé à tous deux; c'est toi qui ordonnes, et moi qui implore; mais comme tu es aussi bonne que je suis obéissant, tu iras, n'est-ce pas?

« Puis, comme je voulais lui répliquer, il ajouta d'un ton sérieux : — Il le faut, enfant; madame d'Alane est une des personnes qui fournissent les capitaux nécessaires à notre entreprise; elle compte sur toi; un refus nous ferait perdre immensément; c'est une vieille femme fort susceptible; il faut partir demain.

«—Mais, répliquai-je, M. de Nattière est son neveu, et il y viendra....

«— Bah! reprit Émile en souriant et en m'embrassant, tu es une folle!

«Le lendemain je partis pour Alane; j'y trouvai madame d'Alane presque seule. Deux jours après, M. de Nattière arriva. Je pus voir facilement qu'il était le maître du château; j'avais entendu parler des précautions de plusieurs de ces hardis spéculateurs qui, pour mettre leurs propriétés à l'abri des dangers de leurs opérations, les achètent sous le nom d'étrangers, et je compris que M. de Nattière avait fait de même avec sa tante. Cependant l'attention que je mis à ne jamais quitter le peu de personnes qui étaient au château, me débarrassa les premiers jours de galanteries trop empressées; mais j'eus lieu de m'apercevoir bientôt qu'on avait deviné mon intention, et qu'on cherchait à la déjouer par une marche contraire. En effet, madame d'Alane mit autant de soin à me séparer de la compagnie et à l'entraîner loin du château, à mon insu, que je pouvais en mettre à ne pas la quitter : si j'abandonnais un instant le salon, je le retrouvais vide, et aussitôt arrivait M. de Nattière ; si j'allais à la promenade, on s'écartait adroitement de moi, et je restais avec M. de Nattière. Enfin je me résolus à garder ma chambre et à écrire à mon mari de venir me chercher. Chaque matin, une lettre de lui me le promettait ; chaque soir, le courrier m'apportait une excuse sur son retard. Je ne savais que penser : était-ce indifférence, occupations importantes? je m'y perdais : mais je tenais à ma résolution, et, grâce à une feinte maladie, je me défis pour quelques jours de la vue de M. de Nattière.

« Un soir, il était déjà bien tard, j'avais entendu s'effacer l'un après l'autre tous les bruits de la maison, j'étais restée dans ma chambre, assise sur un fauteil, incapable de faire un mouvement pour changer de place, vaincue par une préoccupation sinistre. J'étais dans cette situation de l'âme obscure et douloureuse, où l'on sent un malheur venir sans pouvoir connaître d'où il viendra. Je me rejetais avec amertume dans le passé de ma vie, et je pesais tristement combien elle était changée sans que je pusse y voir une véritable infortune, sans que j'eusse pu dire l'endroit précis, l'heure exacte où la plénitude de ma félicité s'était échappée. Je ne saurais vous exprimer, mon père, combien de craintes lugubres se dressèrent l'une après l'autre dans ma pensée; aujourd'hui même que les plus atroces sont accomplies, je rougis presque de les avoir eues alors. Cependant la nuit se passait, mais le temps n'avait plus de durée pour moi, les réflexions l'absorbent bien plus vite que le travail, et déjà il était deux heures du matin que je me croyais au commencement de la soirée. Le bruit de ma porte qui s'ouvrit me fit involontairement lever les yeux. Je vis entrer M. de Nattière. La surprise qu'il ne put cacher en me voyant encore levée, me dit tout: je regardai l'heure, et je devins si tremblante, que je ne pus lui adresser la parole. Il était aussi embarrassé que moi. Il ne comptait pas me trouver où j'étais. Cependant l'indignation me saisit presqu'aussitôt.

« — Que venez-vous faire chez moi à cette heure ? — lui dis-je en marchant vers lui pour l'empêcher d'entrer tout à fait dans ma chambre. Il parut balancer ; mais à l'instant il entra et ferma la porte derrière lui. — C'est une violence ! m'écriai-je en courant vers une sonnette.

« — Non répondit-il en m'arrêtant et en parcourant ma chambre de l'œil avec un cynisme effronté ; non ce n'est plus qu'une explication.

« — Il ne peut y en avoir entre nous ; je n'en veux pas.

« — C'est pourtant à vous seule, ajouta-t-il, qu'elle est nécessaire, et vous m'entendrez.

« — Non, lui répondis-je violemment, pas un mot de plus, ou j'appelle ; je trouverai peut-être ici quelqu'un qui aura pitié d'une pauvre femme, ne fût-ce qu'un valet.

« M. de Nattière marcha vers la porte et appuya sa main sur la clé. Je suivais ses mouvements avec anxiété; il s'arrêta, sembla réfléchir un moment et me dit doucement :

« — Je sors, non que je craigne un esclandre, car chacun de nous peut raconter son entrevue à sa manière, et les médisants ne sont pas du parti des femmes, mais parce que je crois qu'on m'a trompé. Répondez-moi sincèrement : aimez-vous votre mari ?

« — Oui, m'écriai-je avec ardeur, croyant détruire ainsi l'espérance de M. de Nattière, oui, je l'aime de l'amour le plus vif, oui, je l'aime plus que je ne saurais dire.

« — Alors, ajouta M. de Nattière avec un sourire de mépris, c'est un misérable.

« Ce mot m'indigna si profondément que, perdant toute retenue, je m'écriai :

« — Vous êtes un lâche ! car il n'est pas ici pour vous répondre.

« — Et il n'y viendra pas, reprit-il avec le même dédain sur le visage ; il n'y viendra ni pour vous chercher, ni pour vous venger : il a de plus agréables occupations.

« Cette nouvelle accusation glaça toute ma colère, et l'anxiété qu'elle m'inspira surmontant mon horreur pour cet homme, je m'approchai de lui, et cherchant à lire dans ses yeux :

« — Que voulez-vous dire? repris-je, la voix tremblante; mon mari n'a pas reçu mes lettres, je le vois, et il ignore...

« — Vous oubliez, interrompit M. de Nattière, qu'il y a répondu tous les jours.

« — C'est vrai, répondis-je, effrayée de la pensée que cette observation faisait naître en moi, c'est vrai, et pourtant...

« — Et pourtant il vous laisse ici, ajouta M. de Nattière, complétant par cette parole un soupçon que je n'eusse pas laissé se former dans mon esprit si j'avais été seule.

« Ce mot m'atterra; mais l'idée qu'il éveillait eût été trop horrible à garder : je la rejetai avec force, et m'en prenant à M. de Nattière de la douleur que j'en avais ressentie

— « Sortez! m'écriai-je; vous êtes un méchant homme, un homme indigne, un.... Je ne pus achever, les larmes me suffoquèrent.

« — Pauvre femme! dit-il en sortant.

« Après cette expression de pitié, j'entendis ouvrir et fermer ma porte, mais je ne vis pas sortir M. de Nattière, car j'avais caché ma tête dans mes mains avec désespoir. Je me trouvai seule avec mes premières pensées; mais chacune des paroles de M. de Nattière était comme un trait de feu qui les éclairait. Je me les répétai une à une.—Oui, me disais-je, Émile sait ma situation, et il me laisse ici! —Ah! c'est indifférence, oubli, dédain.—C'est qu'il a des occupations plus agréables, m'a-t-on dit. — Qu'est-ce donc? un autre amour, une passion qui lui fait abandonner jusqu'au soin de ma protection! oh! c'est impossible. Et, malgré mes combats, je me trouvais sans cesse vaincue par l'accord de la conduite d'Émile et des paroles de M. de Nattière. Cependant, j'en restais là de mes souvenirs, et je n'osais remonter au premier mot qui m'avait indignée—C'est un misérable!—Un homme n'en appelle pas ainsi un autre pour un tort dont ils se rient entre eux; c'est donc... Et le même doute affreux qui m'avait épouvantée se représenta encore à moi; mais encore cette fois je me fis un crime de l'avoir conçu, et je finis de passer cette nuit dans les larmes, déchirée de mille terreurs, que je n'osais ni combattre, ni accueillir.

« Le matin, dès que le jour fut venu, j'envoyai chercher des chevaux de poste; et, avant que personne pût se douter de ma résolution, je partis d'Alane, et retournai à Paris. La satisfaction que j'éprouvai d'être hors de ce château mit un peu de calme dans mes idées, sans cependant les adoucir; seulement, je m'étudiai avec moins de désordre à prévoir le malheur qui m'attendait à Paris. Malgré moi, je le rattachai aux paroles de M. de Nattière, et je me bâtis toute une histoire, où je me représentai mon mari me préférant quelque brillante femme du monde nouveau où il vivait; je le vis égaré par les séductions d'un esprit qui se joue de tous les devoirs; mais en pensant à sa jeunesse, je ne le trouvais pas sans excuses, et je me sentais sinon coupable, du moins imprudente de m'être si longtemps séparée de lui, oubliant qu'il l'avait obstinément voulu, ou bien interprétant sa volonté comme un dévouement à mes plaisirs. Ce malheur, je le tournai dans tous les sens, je l'examinai à loisir durant la route, et je mis mon courage à portée de le soutenir. J'arrivai. Par un hasard inconcevable, je trouve la porte de notre appartement ouverte; je le parcours sans rencontrer personne : il était en désordre, et accusait l'absence de celle qui se devait à en surveiller la tenue; enfin j'arrive jusqu'à la porte de la chambre d'Émile; les persiennes en étaient encore fermées, et le demi-jour ne m'y laissa distinguer aucun objet. J'allais mettre la main sur l'espagnolette d'une croisée, lorsqu'une voix que je ne reconnus pas sur-le-champ, dit tout près de moi, avec l'hésitation d'un sommeil interrompu :

« — Est-ce toi, Émile?

« Je me retournai vivement, et j'aperçus une femme dans le lit de mon mari. Elle me vit aussi, car elle se jeta hors de ce lit en poussant un cri, et demeura droite et immobile devant moi. J'avais préparé mon âme à de bien vives atteintes, j'avais supposé l'infidélité et la trahison d'Émile : c'est tout ce que j'avais cru de plus affreux; mais je ne savais pas ce que les circonstances peuvent ajouter d'horreurs à un malheur. Je n'avais pas prévu que ce serait dans ma maison que je trouverais la maîtresse de mon mari; je n'avais pas prévu que cette maîtresse serait ma femme de chambre, ma servante. Oh! qui peut peindre le coup terrible et sourd qui frappe au cœur à de telles révélations! Pour moi, je ne saurais vous le dire. Il me sembla que je m'étais à la fois heurtée la tête et la poitrine contre l'angle dur et aigu d'un meuble. Je perdis un moment la vue et la respiration, le cœur me serra, un bourdonnement confus m'ébranla le cerveau. C'est ainsi qu'on doit devenir folle. Je l'ai sans doute été un moment, car sans cela je serais morte. Aussi, quand ma raison fut revenue, je voulus mourir. Après ce premier moment d'anéantissement, je vis Émile à la porte de la chambre.

Je le vis, mais je ne le regardai pas : un besoin indicible de doute m'empêcha de vouloir lire son crime dans son maintien ; et, sans leur adresser la parole, je m'enfuis dans ma chambre. Je fermai la porte, j'ouvris un tiroir où étaient enfermés des grains d'opium, et je les pris tous, puis je m'assis sur une chaise avec mon chapeau de voyage ; j'avais gardé mes gants ; on eût pu me croire prête à sortir. Tout cela n'avait eu que la durée d'un éclair. L'embarras de sa position occupa Émile assez longtemps pour qu'il me laissât seule deux heures entières. Pendant ces deux heures, je demeurai à la même place. Rien de ce qui les occupa ne m'est resté dans la mémoire ; seulement il me semble que j'attendais incessamment que ma tête éclatât en débris. Cependant des douleurs violentes se mêlèrent à cette apathie terrible ; elles devinrent bientôt si cruelles, que je ne pus retenir quelques plaintes. Aussitôt j'entendis remuer à la porte de ma chambre. A ce bruit, je retrouvai le sens de mes douleurs ; je me rappelai tout, et je craignis des secours.

Enfin, le mal qui me déchirait devint plus fort que moi; j'étouffais difficilement mes cris : je pris un mouchoir, je le nouai sur ma bouche, et m'étendis sur mon lit. Alors tout devint confus autour de moi, et je n'entendis plus rien.

« A mon réveil, vous étiez près de moi avec mon médecin et le vôtre; Émile y était aussi. Rien de bien lucide ne m'arriva d'abord à l'esprit; mais les questions qu'on me fit, et le désespoir repentant que je lus sur le visage de mon mari, me rendirent le souvenir. J'aimai à croire à ce désespoir, et je résolus de me taire. Ce fut ce jour-là, mon père, que vous m'accusâtes d'ingratitude et d'insensibilité, quand j'opposais un silence obstiné à toutes vos consolations; ce fut ce jour-là aussi que votre douleur demanda aux médecins si ma raison n'était pas altérée. Vous vous le rappelez, mon père, ainsi se passa toute cette journée, où j'obéis à tout ce qu'on voulut de moi, si ce n'est que je ne prononçai pas une parole, quelque instance qu'on me fît. Je ne voulais ni mentir, ni dire la vérité. Ce que je ne voulais pas surtout, c'était d'accuser Émile à vos yeux sans l'avoir entendu. Le soir vint, et nous restâmes seuls. Je n'osais commencer la conversation, et je ne voyais pas qu'il y fût disposé plus que moi. Que vous dirais-je, mon père? ceci n'est pas croyable, mais c'est la sincère vérité : durant toute cette nuit, il resta près de moi, me prodiguant les soins les plus tendres sans me parler. Respectait-il mon silence? je ne sais : toujours est-il que je ne me sentis pas la force de l'accuser au moment où sa vie semblait dépendre de la mienne. Pour comprendre qu'il ait pu en être ainsi, il faudrait savoir ce que c'est qu'une longue habitude de soumission; il faudrait avoir redouté comme moi une justification incomplète; il faudrait avoir éprouvé cet amour qui a besoin d'aveuglement, et qui plaide le premier dans le cœur d'une femme le pardon du coupable. Puis, ce qui est vrai pour tous ceux qui manquent de résolution puissante, c'est qu'ils n'ont pas le courage d'aborder une explication lorsque l'occasion impérative en est passée. Si, en arrivant le matin, j'eusse éprouvé d'autres sentiments que le désir de mourir, sans doute mes reproches eussent été cruels et violents; si, à mon retour à la vie, Émile se fut présenté seul devant moi, je n'eusse pas hésité à l'accabler de mon désespoir; si, même la première minute où nous restâmes seuls, j'avais prévu son silence, je me fusse levée devant lui pour lui demander compte de sa conduite; mais après une heure passée entre nous, sans autre langage que les regards attentifs dont il épiait mon visage, je ne trouvai plus la force d'entamer ce terrible entretien. Cependant je gardais au fond de l'âme la volonté de me plaindre et de lui dire combien il avait brisé mon cœur, et que c'en était fait de ma confiance pour lui; mais en suivant en moi-même toute l'étendue des reproches que j'avais à lui faire, j'en tirai la conséquence naturelle qu'il me faudrait prendre une résolution à son égard. Je n'en trouvai aucune ou qui répondît à ma situation, ou qui ne me désespérât. La nuit s'acheva dans cette perplexité. Le jour vint, et une circonstance dont vous ne comprendrez pas l'audace, me rendit toute ma fermeté. Louise, cette misérable femme que j'avais surprise dans le lit de mon mari, entra dans ma chambre en m'apportant une tasse. Émile, en la voyant entrer, lui adressa la parole, et lui dit :

« — Je sors, Louise, soignez madame pendant mon absence.

« — Je me levai sur mon séant, et les regardai fixement tous deux. Emile fit signe à Louise de se retirer. Il prit son chapeau, et s'approcha de moi.

« — Vous sortez, lui dis-je, vous me laissez?

« — Il le faut me répondit-il tristement. J'ai fait à la Bourse une perte de cinq cent mille francs, et si je ne les paie dans trois jours, je suis un homme déshonoré.

« — Cinq cent mille francs! m'écriai-je anéantie par cette nouvelle, cinq cent mille francs! nous sommes ruinés !

« — C'est un échec terrible, reprit-il; mais

tout le monde l'ignore, voilà l'essentiel. Je te le dis, ajouta-t-il en me tendant la main, parce que tu es ma seule amie, et que tu ne me trahiras pas; parce que mes chagrins sont les tiens, n'est-ce pas Fanny? Et, en parlant ainsi, il s'approcha de moi; je ne lui répondis qu'en lui tendant les bras et en versant des larmes cruelles. Il se dégagea doucement, et me dit d'un ton profondément attendri :

« — Du courage, enfant, mon crédit est considérable : que je pare ce coup fâcheux, et ma position est plus assurée que jamais.

« A ce moment, Louise entra; mais je n'y fis plus attention; j'étais tout entière au malheur de mon mari : et le cruel avait bien deviné que je m'oublierais pour lui. A peine était-il sorti, que vous vîntes, mon père; notre famille vint aussi. Votre présence protégea le service de Louise qui exécutait à la lettre les prescriptions du médecin. Ce ne fut que long-temps après, que je me ressouvins de la manière dont on m'aborda durant cette journée : il semblait qu'on eût affaire à un enfant malade dont on ménage les caprices. Plus tard, je me rappelai les signes de pitié que mes amis échangeaient entre eux, lorsque je faisais une réponse distraite à leurs demandes; et je devinai qu'on avait cru ma raison prête à me faillir.

« — Pauvre enfant! dîtes-vous à plusieurs fois, sa tête brûle.

« Oui, mon père, elle brûlait du choc des idées qui s'y froissaient en tous sens; mon départ d'Alane, l'injure de M. de Nattière, puis mon mari infidèle, puis ruiné et peut-être déshonoré; n'était-ce pas assez pour que ma tête brûlât, pour que mes paroles fussent incohérentes, et que je ne prêtasse pas d'attention au bourdonnement indifférent d'une conversation frivole? Enfin mon mari rentra; ses premières attentions furent pour moi, je le reçus froidement : quelqu'un murmura près de moi ces mots :

« — C'est d'un caprice inconcevable.

« Et je devins aussi la victime des suppositions banales et malveillantes de ceux qui disaient m'aimer. J'entendis ce mot, et je n'eus d'autre vengeance que de l'adresser d'un regard à Émile. C'est lui qui y répondit, et ce fut une nouvelle torture.

« — Ce n'est rien, dit-il, rien qu'une affection nerveuse, dont le docteur répond, pourvu que nous abandonnions quelque temps la vie de Paris. Il faut de l'exercice et de l'air à Fanny; il lui faut la campagne, et nous irons ensemble bientôt.

« — Où donc? reprîtes-vous, mon père.

« — Mais, chez nous, répondit Émile le sourire sur les lèvres; je sors de chez mon notaire, et il a dans la vallée de l'Orge une petite maison ravissante à vendre tout de suite; j'en fais présent à Fanny.

« Ce fut une exclamation unanime d'admiration pour les soins inouïs dont mon mari m'entourait. A ce moment, vous dîtes d'un ton moitié riant, moitié sérieux :

« — Émile, Émile, vous la gâtez.

« — Moins que je ne l'aime, répondit-il.

« Vous dire que je fus indignée, surprise, étourdie, je ne sais. Je ne compris plus rien, je doutai de tout, même de ce que j'avais vu et entendu; les deux nuits et le jour qui venaient de se passer me semblèrent un cauchemar effroyable dont le ressentiment seul m'agitait. Enfin nous demeurâmes encore seuls. Cette fois, j'allais peut-être avoir le courage de parler, mais cette fois encore il eut l'affreuse habileté d'étouffer ma douleur et ma plainte sous la sienne. A peine vous eut-il reconduit jusqu'à la porte de notre appartement, toujours riant et dégagé, qu'il rentra dans ma chambre soucieux et morne.

« — Je n'ai rien trouvé, me dit-il.

« — Rien, lui répondis-je; et ce crédit dont tu parlais?...

« — Ce crédit me donnera cent ou cent cinquante mille francs, ce qu'on peut enfin raisonnablement me supposer de besoins dans un commerce comme le mien. Mais cinq cent mille francs ! ce serait avouer ma ruine, que de les demander seulement.

« — Si j'en parlais à mon père ?

« — A personne au monde, reprit-il violemment ; dire que j'ai tenté le sort de la Bourse !! non ; je ne serais plus à leurs yeux qu'un misérable joueur, pour lequel ils n'auraient plus assez de reproches et de défiance. Puis, dans ma position commerciale, ce serait me fermer tout crédit ; ce serait aller au-devant de la déconsidération, Crois-tu que s'il en était autrement, je paierais cette énorme somme ?

« — Ce serait donc une faillite ? lui dis-je en pâlissant.

« Une faillite ! reprit-il ; je me brûlerais la cervelle, s'il fallait en venir là ; pourtant la loi qui proscrit le jeu de la Bourse ne donne pas d'action pour le paiement des opérations qui y sont faites ainsi. On peut donc refuser de payer ? Mais il n'y faut plus penser ; car, en payant, c'est plus encore le silence que j'achète, que ma dette que j'acquitte.

« Cette distinction manquait de probité, ce me semble, et malgré tout l'effroi qui me remplissait le cœur, j'en fis en moi-même l'observation; peut-être Émile s'en aperçut, car aussitôt il s'approcha de moi.

« — Hélas! me dit-il, je voulais t'épargner tous ces chagrins, et voilà la cause qui m'a fait t'éloigner si long-temps, mais tu es plus forte et plus généreuse que je ne pensais.

« J'appliquai ce mot de généreuse à mon silence sur sa cruelle trahison; j'y crus voir comme l'imploration d'un pardon; j'allais lui assurer que j'avais tout oublié, mais il ne m'en laissa pas le temps.

« — Tu ne m'as reproché, dit-il, ni ma ruine, ni la tienne, et je t'en remercie; tes plaintes m'eussent ôté le courage de lutter contre ce malheur; mais tu peux encore plus pour moi, tu peux me sauver.

« — Te sauver! lui dis-je trompée dans mon espoir de lui voir au moins regretter son abandon.

« — Tu le peux si tu le veux, me répondit-il en m'observant soucieusement.

« — Et je le voudrai, repris-je en voyant sa tristesse ; je le voudrai, dussé-je y donner ma vie, car moi, je t'aime, Émile, et... les larmes me suffoquèrent.

« — Ah ! s'écria-t-il en couvrant mes yeux de baisers ardents, tu pleures ; malheureux que je suis ! je ne puis te voir pleurer ainsi ; c'est pour t'épargner une larme, un regret que j'ai laissé la route facile où je marchais, car selon mon amour l'opulence ne t'y venait pas assez vite ; c'est pour ne pas te voir pleurer que j'avais brisé mon cœur par notre séparation ; et je n'ai pu t'éviter le malheur ; tu souffres, Fanny, tu souffres, ah ! pardonne-moi ; ce n'est pas ce que je t'avais promis : c'était un bonheur pur et brillant que je t'avais juré, et maintenant tu pleures, tu souffres ; oh ! voilà mon seul malheur, le seul véritable ; car toi, tu es ma vie, c'est en toi que j'existe.

« Et lui-même pleurait ; il me serrait convulsivement dans ses bras; il m'appuyait sur sa poitrine, que je sentais battre violemment; une espérance inouïe, une consolation puissante me pénétra, m'inonda le cœur.

« — Nest-ce pas, que tu m'aimes? m'écriai-je en lui rendant ses caresses; n'est-ce pas, Émile?

« — En as-tu douté? ajouta-t-il en me regardant fixement, la douleur peinte sur le visage...

« J'avais tant besoin de cet amour, ce désespoir d'Émile sur les craintes d'un doute de ma part, le choc de tant d'émotions, tout cela me fascina tellement, que volontairement, je renonçai au témoignage de mes yeux. Ne pouvant tuer mes souvenirs, je m'en détournai pour ne pas les voir.

« — Non, je n'en ai pas douté. J'ai été folle un moment; mais je me suis trompée, je n'ai rien vu...

« — Quoi! serait-ce hier matin? s'écria Émile. Oh! pauvre enfant, que tu as dû souffrir! et cette horrible indisposition!... Oh!

je comprends, oui, je comprends tout maintenant.

« Et, comme si une idée soudaine luisait tout à coup devant lui, il ouvrit mon secrétaire, y chercha l'opium et ne l'y trouva plus. Il tomba renversé à mes pieds dans d'effroyables convulsions. J'appelai ; Louise vint pour le soigner avec moi, A ce moment, je n'avais plus un soupçon : c'est moi qui étais coupable; enfin il revint à lui. Louise sortit. Le premier mot de mon mari fut pour me donner une explication ; je n'en voulus pas...

« — Non, lui dis-je, pas une parole ; oh! pas une, Émile, si ce n'est pour me dire comment je peux te sauver : ne m'as-tu pas dit que je pouvais te sauver?

« — Mais je n'ose plus te le demander, reprit-il tristement.

« — Ah! tu me punis cruellement, lui répondis-je...

« — Mais, si je te le demande, ajouta-t-il, le voudras-tu? surtout quand tu sauras ce qu'il faut faire.

« — Oui, je le voudrai, Émile ; ne te l'ai-je pas dit? fallût-il y sacrifier ma vie?

« — Il faut peut-être plus que cela, répond-il en souriant : il faut sacrifier une prévention, une répugnance... Puis il s'arrêta pour attendre une réponse.

« — Eh bien ! lui dis-je en tremblant malgré moi.

« — Eh bien ! reprit-il, il faut voir M. de Nattière.

« — M. de Nattière ! m'écriai-je ; retourner à Alane !

« — Non, dit Émile en m'attirant vers lui, nous ne nous séparerons plus, Fanny. M. de Nattière est à Saint-Cloud, près du roi ; dans vingt-quatre heures, il part pour la Bretagne, et lui seul peut me sauver.

« — A-t-il des fonds si considérables à sa disposition? repris-je, voulant faire naître des difficultés contre ce projet.

« — Sa signature me suffirait pour en trouver, me dit Émile ; sa signature est ma seule ressource ; oui, continua-t-il en paraissant réfléchir profondément et en parlant par mots entrecoupés, — la seule! il me la faut aujourd'hui, ou après demain, la ruine, le déshonneur, la mort...

« Je poussai un cri.

« — Ah! ta douleur m'a tout fait oublier, dit Émile en se levant et en parcourant la chambre à grands pas; oui, quand je t'ai vue pleurer, je n'ai plus pensé à ma fortune et à mon honneur perdus; perdus pour jamais, ajouta-t-il en se jetant dans un fauteuil; car je le vois bien, tu ne veux pas aller chez M. de Nattière.

« — J'irai! j'irai! lui répondis-je entraînée par cette succession si rapide d'idées, que je n'avais pas le temps de leur dresser un obstacle; j'irai, Émile, pour te sauver; pour toi, entends-tu, j'aurai ce courage.

« — Ah! tu es un ange, reprit-il; mais il faut que ce soit à l'instant même : car pour me servir de cette signature, je n'ai plus que demain.

« — Si tôt, lui dis-je; mais tu m'accompagneras? je pense...

« — Eh! le puis-je? enfant... Écoute, reprit-il, voulant rompre les objections que je pourrais lui faire... — Si j'y allais moi-même, comme pour traiter d'une affaire, il faudrait la lui expliquer nettement, et j'avoue que je ne saurais que lui dire; car, à lui moins qu'un autre, je voudrais avouer ma position; mais comprends bien ceci : dans l'immense opération où il m'a intéressé, il y a beaucoup d'acquisitions de terrains à faire; pour qu'on ne soupçonne pas à quoi elles doivent servir, les capitalistes qui mènent l'entreprise, les font faire par des personnes qui ne semblent pas y avoir intérêt; je suis une de ces personnes. Tu diras à M. de Nattière que j'ai trouvé une occasion admirable, mais qu'on veut de l'argent; il sait que j'en trouverai avec le papier qu'il te confiera. Si j'allais à Saint-Cloud, il faudrait dire exactement le lieu, la situation, donner des détails impossibles; mais toi, tu peux les avoir oubliés, tu comprends; — les affaires te fatiguent, — tu n'y entends rien... — Seulement tu sais que c'est pressé... enfin il te croira...

« — Mais, dans quelque temps, m'écriai-je, il apprendra !...

« — Il n'apprendra rien, car je lui remettrai ses fonds. Ce que j'ai oublié de te dire, c'est que je périssais au port, au moment de vendre ma part de mon intérêt dans l'affaire de M. de Nattière; ce qui me rentrera est triple de ce que je pourrai lui devoir, et nous serons sauvés; car, sans toi, c'en était fait!.. Mais tu vas t'apprêter n'est-ce pas? Je vais écrire un mot, faire mettre les chevaux. Il ne te faut pas deux heures... Dépêche-toi...

« Et, sans que j'eusse le temps de répondre, il sortit. Je me laissai habiller par Louise; j'étais étourdie de tout ce qui se passait depuis quarante-huit heures; je vivais dans un tourbillon de pensées et d'émotions où la réflexion n'avait pu trouver place... Quand je fus prête, j'attendis Émile. Le domestique vint, et m'apporta ce billet :

« Ma chère amie, Dallois est dans mon ca-
« binet, il vient arrêter notre compte, je ne
« puis le quitter; voici tout ce qu'il te faut.
« N'oublie pas ce que je t'ai dit. »

« A ce billet étaient joints un reçu de cinq cent mille francs, d'échéances à six mois, et une petite lettre cachetée pour M. de Nattière. J'aurais voulu voir Émile une seconde ; mais, en passant devant la porte de son cabinet, je l'entendis parler très vivement. La présence de Dallois me rappela tous les dangers de mon mari, et je partis. Le cocher me conduisit avec une rapidité qu'on lui avait recommandée, sans doute, afin que le temps me manquât, même dans la solitude; et, je dois l'avouer, j'arrivai à Saint-Cloud aussi troublée que quand j'étais partie de Paris. Je fis demander au château M. de Nattière. On me conduisit dans l'appartement qu'il y occupait, et je me trouvai face à face avec cet homme que j'avais compté ne plus revoir. Il sourit en m'approchant; je fus prête à sortir, mais ce n'était plus de moi seule qu'il s'agissait, et j'acceptai, sans répondre, le fauteuil que M. de Nattière m'offrit d'une manière respectueuse.

« — Vous êtes indisposée? me dit-il; serait-ce à un chagrin que je devrais votre présence?

« — Non, lui dis-je vivement, me trompant sur l'intention de ses paroles, et craignant qu'il ne lût le secret d'Émile dans mon trouble; non, c'est la fatigue, ce n'est rien...

« — Vous avez vu votre mari? reprit M. de Nattière en me regardant avec attention.

« — Oui, certes, me hâtai-je de répondre; c'est de sa part que je viens...

« La surprise que ce mot causa à M. de Nattière me fit voir qu'il supposait que j'avais parlé. A ce moment, l'inculpation terrible que M. de Nattière avait élevée contre mon mari me revint à l'esprit. L'idée qu'il pouvait penser qu'Émile désertait ma défense m'humilia si profondément, que je ne pus m'empêcher d'ajouter : — Mon mari ne sait rien, Monsieur.

« M. de Nattière me considéra un moment,

et me dit à voix basse et en plongeant ses regards dans mes yeux :

« — Ni vous non plus, dites-moi?...

« Je détournai la vue pour cacher une larme. M. de Nattière me prit la main ; je la retirai vivement.

« — Je vous savais belle, aimable et parfaite, me dit-il tendrement, mais non pas si résignée. Un pareil abandon...

« — Monsieur, lui dis-je froidement, voici une lettre de mon mari.

« M. de Nattière la lut rapidement et la jeta sur la table qui était près de nous.

« — Enfin, dit-il, votre mari daigne vous confier le secret de ses affaires ; il y a longtemps qu'il aurait dû le faire : car je vous crois plus raisonnable que lui. Voyons, Madame, de quoi s'agit-il?...

« Ma position particulière vis-à-vis de M. de Nattière était si fausse, que, par un inexplicable oubli de tout honneur, je me sentis à l'aise en abordant le mensonge que je devais lui débiter... Il m'écouta attentivement, et je lui répétai plus clairement que je ne l'eusse fait à un indifférent, la leçon que m'avait faite Émile.

« — C'est bien, me dit M. de Nattière en se levant; qu'il s'occupe de nos affaires: cela vaut mieux que de courir les agents de change. Je vais préparer ce qu'il vous faut.

« Il sortit, et je vis qu'il connaissait au moins la conduite de mon mari, s'il en ignorait les affreux résultats. Le remords me prit alors; mais il n'était plus temps. Une invincible curiosité me poussa à lire la lettre d'Émile que M. de Nattière avait laissée sur la table; elle était d'une honteuse adresse. La voici :

« Mon cher Monsieur,

« Je tiens une superbe affaire aux cheveux;
« ma femme vous l'expliquera... Nous ac-
« quérons à cinquante pour cent au-dessous
« de la valeur réelle. Le vendeur est dans
« mon cabinet; je ne le laisserai pas sortir;
« je le garde à dîner: je ne veux pas qu'il

« voie personne avant la conclusion. Sans « cela, je serais chez vous. J'attends avec im- « patience le retour de Fanny. L'aspect de « vos effets négociables à l'instant même ter- « minera tout. J'attends. »

« M. de Nattière rentra et me présenta des traites pour cinq cent mille francs. Je tremblais comme une criminelle en lui en remettant le reçu. Il prit encore ma main, que, cette fois, je n'eus pas la force de lui retirer ; il la pressa sur ses lèvres et me dit doucement :

« — Ne serez-vous généreuse que pour Émile, et ne me pardonnerez-vous rien ?

« Il venait de sauver mon mari, grâce à une tromperie dont j'étais complice. Hélas ! pouvais-je lui montrer qu'il m'était odieux ; pouvais-je, moi, lui marquer le mépris que j'avais eu de lui ; je ne m'en sentis plus le pouvoir, et tremblante sous cette impression, je lui répondis tristement :

« — Je n'ai pas le droit de vous en vouloir, Monsieur.

« Il me serra la main en la portant encore à ses lèvres ; je vis bien qu'il m'avait mal comprise, mais il eût fallu une trop longue explication pour le détromper ; je préférai me retirer, laissant à l'avenir le soin de ma défense ; il me reconduisit avec le respect affectueux d'un homme qui prend pitié du trouble qu'il inspire, et je retournai à Paris, aussi vite que j'en étais venue. Émile reçut avec une joie qui me fit mal les traites que je lui apportais : à peine s'il eut un remercîment pour moi. Le lendemain, il s'échappa pour en faire usage, et je ne le vis plus de la journée. Les inquiétudes qu'il avait répandues dans notre famille, à propos de ma santé, me valurent un si grand nombre de visites, que j'en fus comme assiégée. Cependant Louise était toujours là, et je m'établis pendant plusieurs jours dans une position d'où il ne me fut plus possible de sortir : car chasser cette fille après ce qui s'était passé entre Émile et moi, c'était témoigner un soupçon que j'avais dit effacé. C'est alors, mon père, que commença dans ma vie ce mélange singulier de tristesse profonde et de gaîté folle qui vous surprit si étrangement; c'est alors, qu'incapable de garder une juste mesure dans mes sentiments, je me livrais au désespoir, lorsqu'un mot, un regard, une réflexion ravivaient dans mon souvenir les preuves de la trahison d'Émile; alors, aussi, je poussais ma joie jusqu'au délire, lorsque j'étais parvenue à étouffer les ressentiments de mon cœur; essayant d'étourdir ma vie dans le mouvement et le bruit, jusqu'au moment où la douleur revenait triomphante. Ce fut une lutte de plusieurs mois, où je perdis tout repos, jusqu'à ce que l'espérance fût enfin tout à fait vaincue. A cette époque, l'affection de ceux qui m'aimaient se détacha peu à peu de moi; l'envie de quelques femmes qui m'avaient toujours détestée en profita habilement, et je devins pour le monde et peut-être aussi pour ma famille, un être bizarre et déraisonnable, une tête fantasque, une femme d'une exigence que rien ne pouvait satisfaire. Je comprenais, sans qu'on me l'exprimât, cette fâcheuse opinion qu'on prenait de moi, et par une disposition de l'âme, que vous comprendrez, mon père, je me plaisais à la braver. Fière de ne pas mériter mon malheur. il y a des instants où j'aurais voulu les subir tous pour avoir le droit de maudire tout le monde, quand je ne pouvais plus bénir celui que j'avais tant aimé. Hélas ! je l'aimais encore, et lui seul garda jusqu'au dernier jour, le pouvoir de me consoler.

« Cependant vous ne voyiez que ma conduite extérieure et celle d'Émile, et c'est sur moi que tombaient les accusations ; car mon mari ne perdit pas un moment cette apparence de soins empressés qui me rendaient si injuste à vos yeux. C'étaient toujours le même luxe pour ma toilette, les mêmes présents attentifs, tandis que je calculais, sous la crainte de notre ruine, combien de jours d'existence il y avait dans chacune de ces frivolités ! Mais, enfin, à travers ces jours semés de douleurs internes, se leva un jour de terrible malheur.

« Malgré mes pressantes représentations,

mon mari avait acheté cette campagne dont il vous avait parlé. Cette acquisition, m'avait-il dit, faite à la même époque que le paiement de son énorme perte à la Bourse, devait établir son crédit plus haut que jamais, Se restreindre en pareille circonstance, eût annoncé ses embarras, et lui eût enlevé cette confiance publique qui était sa seule ressource pour rétablir sa fortune. J'avais cédé sans être convaincue, et quelques amis, plus prudents, blâmant cette acquisition, ne trouvèrent rien de mieux que d'accuser mes caprices des folles dépenses de mon mari. Quoi qu'il en soit, nous étions établis dans la vallée de l'Orge. Louise m'avait suivie, et j'avoue que mes soupçons s'étaient presque effacés. Émile partait tous les matins, vers cinq heures; il revenait dîner tous les soirs, et ne me quittait pas un moment depuis son arrivée jusqu'à son départ. A cette époque, ma santé était faible, et je me levais fort tard. Émile m'éveillait le matin pour me dire adieu, et je ne me rendormais que lorsque j'avais entendu son cabriolet sortir de la cour.

« Un matin pourtant, après une nuit où la fièvre m'avait cruellement tourmentée et avait attristé mon sommeil de rêves affreux, je ne pus me rendormir, et j'espérai trouver dans la fraîcheur de l'air quelque soulagement à cette agitation. Je descendis dans le jardin, et, après une promenade de plus de deux heures, je m'assis sous un berceau épais, à l'extrémité d'un petit bois qui bordait le mur de clôture. Tout-à-coup j'entends marcher dans l'allée qui était à côté de moi. Le bruit de ce pas, que je connaissais si bien, me frappe; je regarde, et je vois Émile passer et arriver à une petite porte qui ouvrait à un sentier qui coupait à travers les champs, et conduisait à quelque distance sur la grand'route. Quoiqu'un vif sentiment de surprise m'eût empêché d'adresser la parole à Émile, je n'avais cependant conçu aucune crainte, et je m'expliquais sa présence par l'oubli qu'il avait fait de quelque objet important. Je rentrais à la maison, rêveuse et préoccupée, lorsqu'au détour d'une allée je trouve Louise devant moi, cueillant les fleurs dont elle ornait ma chambre tous les jours. Cette rencontre fut pour moi comme une révélation terrible; tous mes soupçons revinrent, et je demeurai convaincue que j'étais toujours trompée. Oh! cette fois, mon père, il n'y eut plus de faiblesse dans mon cœur. Tout mon orgueil se révolta ; les soins de cette misérable fille me parurent une insultante dérision, et je me résolus à éclater ; mais je voulais une preuve irrécusable, invincible; une preuve que je saisirais moi-même, et dont je pourrais m'armer froidement, sans que le hasard me la jetât à l'improviste, et que mon trouble la laissât échapper comme la première fois. J'attendis donc, et je trouvai dans mon indignation la force de mentir à tous les yeux. Le soir, Émile vint : le matin, il me quitta comme d'habitude. A peine était-il sorti de ma chambre, que je me levai. De mon cabinet, qui donnait sur la cour, je le vis faire partir son cabriolet et rentrer dans la maison. J'attendis un quart d'heure, et je marchai droit à la chambre de Louise. Dans ce moment, et dans la journée qui le précéda, je sentis ce que c'est que le bienfait d'une puissante volonté. Pour la première fois, la résolution que j'avais prise me tint au cœur, sans faiblesse ni combats, et quoiqu'elle dût amener de terribles résultats, et que je ne m'en fusse dissimulé aucun, je ne ressentis ni les douleurs, ni le désespoir qui avaient accompagné mes incertitudes. J'entrai donc calme et résolue : ils étaient dans les bras l'un de l'autre.

« — Enfin! m'écriai-je en entrant et en me posant en face d'eux, enfin!

« Cette livide et basse contraction que j'avais déjà vue sur les traits d'Émile, s'y montra encore, mais plus hideuse peut-être. Il me fit l'effet d'un homme qui eût voulu me battre, mais qui n'eût osé me poignarder. S'il lut dans mon regard aussi avant que moi dans le sien, il dut y trouver un bien cruel mépris. Tous deux étaient muets; je repris la parole :

« —Cette maison, dis-je à mon mari, n'aura bientôt d'autre maître que vous; mais tant que j'y suis, je puis aussi y commander. Ne craignez rien, je n'y resterai que le temps nécessaire pour en chasser cette créature.

« — Il n'y a ici, s'écria Émile avec une fureur ignoble, il n'y a d'autres ordres ici que les miens, et vous êtes la première qui deviez y obéir. Suivez-moi, Fanny, sortez de cette chambre.

« — Pas avant d'en avoir chassé votre maîtresse, lui répondis-je aussi exaltée que lui; qu'elle sorte, qu'elle parte à l'instant même.

« Sortez! Fanny, me répéta Émile en s'avançant vers moi avec une colère qui m'eût glacée d'effroi en toute autre circonstance; — sortez! sortez! et à chacun de ces mots, il contractait ses bras comme un homme qui se roidit contre lui-même. Mais moi, j'avais tant souffert au cœur, que des brutalités ne m'épouvantaient pas; aussi, au mouvement qu'il fit vers moi, je me jetai au-devant de lui, ma poitrine contre la sienne, mon visage à la hauteur du sien, le mépris sur les lèvres, le regard insultant. Je lui fis baisser les yeux; je le méprisai tout à fait.

« —Que cette fille sorte ! lui dis-je ; qu'elle sorte à l'instant ! à la minute ! C'est ma servante, je la chasse...

« — Fanny ! Fanny ! s'écria Émile en changeant subitement de ton ; Louise s'en ira, mais épargne son état : ta violence peut la tuer, elle peut tuer son enfant.

« — Son enfant ! repris-je anéantie de cette nouvelle découverte ; son enfant et le vôtre ! n'est-ce pas ? Et un souvenir fatal se réveillant aussitôt en moi, j'ajoutai en baissant la tête. —Ah ! ce sera donc elle qui sera la mère de vos enfants ? C'est juste ! c'est à moi de sortir.

« Je m'éloignai machinalement, je descendis au jardin, je le parcourus lentement sans projet arrêté : toute mon exaltation s'était affaissée. Je ne pensais rien, je n'éprouvais qu'une douleur sourde et confuse : ma résolution s'était évanouie devant une circonstance que je n'avais pas prévue. Je répétais à chaque pas, sans y attacher de sens, ce mot fatal : la mère de son enfant ! Cet état dura peu ; au bout d'une allée, j'aperçus Émile qui m'avait suivie. A cette vue, poussée par un instinct d'horreur impossible à décrire, je me pris à fuir de toute ma vitesse. J'atteignis la porte du jardin, et je vis devant moi le sentier qui menait à la grande route; je m'y élançai. Bientôt j'entendis la voix d'Émile qui me poursuivait; il me suppliait d'arrêter. A chaque son de sa voix, je me hâtais davantage, comme pressée par un éperon sanglant: Émile gagnait du terrain, et j'entendais déjà près de moi sa voix haletante et suffoquée, lorsque j'aperçus le cabriolet qui attendait sur la route. Jusque là, j'avais fui, emportée par un effroi insurmontable; j'avais fui sans but ni dessein, sans espoir même d'échapper à la poursuite d'Émile. A la vue de ce cabriolet, l'idée de fuir pour jamais, de ne plus revoir cette détestable maison s'empara de moi, et me donna de nouvelles forces. Je précipitai ma course; je gagnai de l'avantage à mon tour, et j'arrivai échevelée et pantelante sur la route.

« — Joseph! Joseph! m'écriai-je en m'élançant dans la voiture ; à Paris ! à Paris ! vite ! vite !

« — Ah ! madame, reprit le domestique épouvanté, je l'aurais parié. Hélas ! madame, je n'y suis pour rien : j'obéissais, quand on me disait d'attendre.

« — Joseph ! à Paris ! répétai-je hors de moi ; vite ! vite ! à Paris !...

« — C'est impossible, Madame, dans votre état..... En effet, j'étais presque nue. Je vis Émile près de nous atteindre ; je me mis à pousser des cris, en disant sans cesse :

« — A Paris ! à Paris ! Joseph ! et je me jetai à genoux devant lui au fond du cabriolet. Cet homme se mit à pleurer et se décida à partir malgré la voix d'Émile qui lui criait d'arrêter. Le cheval fit quelques pas, mon mari tenta un dernier effort, et se jeta à la bride ; nous restâmes en place.

« Soudainement, et comme si une eau glacée m'eût inondée, je devins froide ; la peur me prit, je fus épouvantée de tout ce que j'avais fait. Un enfant devant son maître n'est pas plus tremblant que je ne le devins quand je me vis au pouvoir d'Émile. Je lui aurais demandé grâce, si j'avais eu la force de parler. Déjà la route se peuplait de paysans, et l'on nous examinait ; Joseph dit à mon mari :

« — Faut-il que je ramène madame ?

« — Traverser ainsi le village devant tout le monde, c'est impossible, répondit Émile ; faites entrer le cabriolet dans le petit chemin, et allez chercher un chapeau et un manteau pour madame.

« Joseph descendit de voiture et courut à la maison ; mon mari demeura près du cabriolet où j'étais restée sans mouvement. Joseph revint, et il m'affubla comme il put ; mon mari se plaça près de moi, et nous conduisit avec une rapidité effrayante. Quand nous arrivâmes dans la cour, la cuisinière, le jardinier et sa femme, quelques servantes, s'y trouvaient. Mon mari descendit rapidement et m'ordonna de le suivre, j'obéis ; mais tout à coup un cri d'effroi s'échappa de la bouche de nos domestiques qui entouraient la voiture. En me levant, j'avais mis mes pieds nus dans mes pantoufles; en fuyant, elles s'étaient échappées de mes pieds, et ils étaient sanglants et déchirés. Émile, qui le vit, renvoya ces bonnes gens avec un emportement terrible, et me répéta l'ordre brutal de le suivre; je le suivis. Je marquai de mon sang chaque marche du perron qui était devant la maison; j'en marquai chaque marche de l'escalier qui conduisait à ma chambre. Émile se mit à la parcourir à grands pas; je restai immobile, debout devant lui, les pieds nus sur le parquet. Il eut la barbarie de s'approcher de moi, de me saisir le bras et de me dire :

« — Vous devez être contente, nous avons tous nos domestiques pour confidents.

« Je ne compris rien alors à ce mot, mais il disait toute l'âme d'Émile; j'ai éprouvé depuis qu'il eût bu ce sang qui coulait de mes pieds, s'il eût été sûr qu'on l'eût éternellement ignoré. Mais au moment où il m'adressait ce reproche, je ne vivais plus ni de sensations, ni d'intelligence. Il parut surpris de mon immobilité.

« — Eh bien! me dit-il brutalement, que faites-vous là? Il faut vous coucher, vous êtes blessée.

« Je ne répondis pas davantage; il défit mon manteau et mon chapeau, et me porta dans mon lit. J'y demeurai huit jours dans le délire de la fièvre. Je faillis y mourir; mais j'avais encore à souffrir, on me sauva.

« Enfin j'étais entrée dans une voie de malheurs bien certains; ce n'étaient plus ces sinistres mais vagues avertissements que j'avais si longtemps repoussés, ces révélations intimes de l'âme qui sent l'approche du crime et du vice. Ce qui les rendit plus complètes, c'est que vous étiez absent, et que je demeurai livrée aux soins de mon mari. Ce qui me perdit encore, c'est que la nature me refusa la force d'exécuter une résolution soudaine; c'est que, lorsque je revins à la vie et au souvenir, il me fallut voir et entendre Émile; c'est qu'il ne quitta pas le chevet de mon lit, ni durant la nuit, ni pendant le jour. Écoutez, mon père, comment se passa le temps qui précéda votre retour; prenez, si cela se peut, pour me comprendre, l'âme d'une malheureuse femme qui se voit condamnée à vivre sans foi, sans religion, sans amour, et à qui l'on offre encore une espérance. C'est ce que fit Émile. Il ne mit point de tromperie entre nous : il aborda ses torts avec franchise.

« — Écoute, me dit-il un jour que je m'étais trouvé la force de l'accuser, écoute, Fanny; tu peux aller vers ton père, lorsqu'il sera de retour, lui dire ce que tu as vu, me perdre à ses yeux, à ceux de ta famille et de la mienne, m'offrir au monde comme un débauché de bas étage, dégradé jusqu'à l'amour d'une servante, et tu paraîtras peut-être avoir raison...

« — Je *paraîtrai* avoir raison! repris-je amèrement.

« — Oui, continua-t-il d'un ton calme, ce ne sera qu'une vaine apparence; le vice n'est pas toujours avec les mauvaises actions; ne pardonne-t-on rien à un entraînement?...

« — Oh! m'écriai-je avec indignation, un entraînement qui dure des mois entiers! un entraînement qui n'a pas respecté ou qui n'a pas compris le pardon qu'il y avait dans mon silence, car je n'ai pas été trompée le jour ou vous m'avez offert une misérable explication; quand je l'ai refusée, c'est que j'ai voulu ne pas vous entendre mentir; je vous aimais trop, pour ne pas craindre un tort de plus.

« — Alors, ajouta tristement Émile, je n'ai plus rien à vous dire.

« — Parlez, parlez, lui dis-je, déjà effrayée de lui avoir fermé une voie de justification.

« — Pourquoi vous parler, Fanny, reprit-il, si tout ce que je peux vous dire est déjà flétri de mensonge dans votre esprit?

« — Je vous croirai, si vous dites la vérité, lui répondis-je.

« —Non, c'est impossible, répliqua-t-il tristement. D'un indifférent, vous comprendriez peut-être tout ce qui m'a conduit où je suis; mais de moi, que vous détestez, rien ne vous paraît pardonnable.

« — Je ne vous déteste pas, Émile, m'écriai-je vivement ; je ne vous déteste pas : le mot de haine ne peut être prononcé entre nous.

« — Mais tu ne m'aimes plus ; ajouta-t-il avec douleur ; et si je te disais que je t'aime, moi, comme mon seul bien, tu ne me croirais plus ; tu ne croirais pas, ajouta-t-il en prévenant ma réponse, tu ne croirais pas qu'un sentiment que je ne puis trouver odieux, même en présence de ton désespoir, m'a conduit à t'outrager à ce point. Et puis, je ne t'ai pas dit tout ce que j'ai souffert et tout ce que je t'ai caché ; tu ne sais pas qu'en présence du bonheur de mes amis, entourés d'enfants joyeux, ma félicité ne me semblait qu'une dérision ; que plus tu valais à mes yeux, plus je pleurais d'être sans espoir de voir revivre tant de beauté et de vertus dans mes enfants. Enfin que te dirai-je ? cette douleur, ou plutôt ce désir de sentir mon sang couler dans les veines d'un être à moi, d'un enfant à moi, ce désir m'a égaré, perdu ; car si c'eût été amour, est-ce si bas que je l'eusse placé ? Si je n'avais craint que les propos du monde ne t'eussent brisé le cœur, aurais-je caché mon crime dans notre domesticité? Que veux-tu que je te dise? le plus honteux de mes torts, je le dois à la crainte de déchirer ta vie, et j'ai doublé ma faute en voulant la soustraire à tes yeux.

« Et comme je l'écoutais stupéfaite et épouvantée du bien que j'éprouvais à l'écouter, et comme je détournais violemment la tête pour m'arracher à la tentation qui me prenait de le croire, Émile ajouta avec désespoir :

« — Ah! si je te parle ainsi, c'est que tout cela est dans mon cœur et en déborde malgré moi. Ce n'est pas une justification, Fanny : il n'y en a pas contre la haine; car si tu m'aimais encore, vois-tu, je ne t'expliquerais rien, j'accepterais mon crime tout entier, et je te demanderais pardon, sûr de l'obtenir de toi. Mais une chose doit rester encore entre nous : c'est quelque justice, et c'est à la tienne que je m'adresse. Non, continua-t-il avec une folle exaltation, je ne sens pas en moi que je sois aussi coupable que je te parais; ce que je sens par-dessus tout, c'est le désespoir d'avoir perdu ton amour; ce que je sens, c'est que je t'aime comme on adore Dieu, que ton abandon me tuera, que j'ai tout perdu.

« En parlant ainsi, il pressait son front avec désespoir. Je pleurais avec des sanglots. Émile se jeta à mes pieds; il roulait sa tête sur mes genoux, avec des larmes et des cris.

« — Fanny! disait-il, me quitteras-tu? Ne te verrai-je plus? Pitié! pitié!

« J'appuyai ma main sur sa tête, comme pour le calmer; il s'en empara, il la mouilla de larmes et la couvrit de baisers. Ce geste de ma part était un premier mot de pardon; je tombai sans force dans ses bras, et il était assuré que j'avais tout excusé avant que j'eusse prononcé une parole.

« Bientôt je fus capable de me lever. Nous revînmes à Paris. Je ne vis plus Louise. Joseph aussi avait été renvoyé, et je tâchai de croire au repentir sincère de mon mari. C'était une situation affreuse que celle de mon cœur; ou je devais me fier à ces premiers mouvements de passion, pendant lesquels j'avais frémi de deviner l'âme d'Émile, accepter comme infaillibles ces avertissements qui me l'avaient montré si différent de ce que je l'avais cru; et alors c'était vouer mon existence au malheur, c'était reconnaître que ma vie innocente était liée à une vie d'hypocrisie et de scélératesse; ou bien, il fallait croire à cette conduite extérieure, qui me le ramenait si empressé et si tendre, l'accueillir comme le résultat de son amour, et non d'un calcul adroit, rejeter sur la puissance d'un désir à peine blâmable toutes les fautes d'Émile, et par là renouer mon avenir à l'espérance d'un bonheur prochain. J'étais seule, sans appui, sans conseil; je me fis peur à moi-même de ma propre sévérité; je me rappelai vos douces leçons sur les bienfaits de l'indulgence, et je pardonnai à Émile, comme il semble qu'une mère doit pardonner à son enfant qui revient. J'acceptai son repentir avec reconnaissance, notre réconciliation me fit heureuse : il me sembla que j'avais acquis tous les droits d'une femme à l'amour de son époux.

« Avec ces dispositions dans le cœur, Émile m'eût tenue encore bien longtemps sous l'empire de sa fascination, si ses torts ne se fussent adressés qu'à moi, s'il n'eût été répréhensible qu'à mon égard : mais sa conduite, pour laquelle toute excuse me paraissait bonne vis-à-vis de moi, restait sans fausse défense quand elle touchait à d'autres intérêts. Pour ce qui est d'honneur et de loyauté, il y a dans le for intérieur une balance rigoureuse où rien ne pèse que la vérité; aussi l'emploi des billets de M. de Nattière m'avait paru toujours une action coupable. Émile avait mis fin à mes remontrances, en me disant qu'il avait vendu la part de son intérêt dans l'acquisition des terrains, qu'ainsi tout était remboursé, et j'avais presque oublié cette affaire à travers tous mes chagrins. Une lettre foudroyante de M. de Nattière vint m'éveiller dans ma sécurité. Cette lettre m'était adressée. Quoique je n'aie jamais pu la retrouver, les expressions m'en sont restées gravées dans l'esprit, tant je la relus de fois pour comprendre tout ce qu'elle disait :

« MADAME,

« Après dix lettres écrites vainement à M. de « Varni, je me décide à m'adresser à vous. « Des informations prises à Paris m'ont révélé « que les cinq cent mille francs que je vous ai « remis n'ont point servi à l'usage auquel ils « étaient destinés. Est-ce moi qui vous l'ap- « prends, ou le saviez-vous lorsque vous êtes « venue chez moi ? Me suis-je trompé, lorsque « j'ai cru à votre douleur, à votre vertu, ou « M. de Varni avait-il raison lorsqu'il me con- « fiait tout bas que sa faiblesse ne pouvait ré- « sister à vos exigeances, et que le luxe que « vous aimiez à étaler le gênait cruellement? « Ma raison et mon cœur se refusent à cette « pensée. Je crois avoir deviné M. de Varni : « c'est un habile hypocrite qui vous a dévouée « à servir de manteau à ses fourberies. Il est « ruiné, et c'est vous qu'il en accuse ; et s'il « doit arriver qu'on découvre sa basse intri-

« gué avec votre servante, pour s'excuser, il
« vous inventera des torts, il vous imputera
« peut-être à crime mon amour, qu'il a excité,
« je dirai qu'il a servi aussi lâchement qu'il
« l'a pu. Mais cet amour était digne de vous,
« car il vous a respectée. Peut-être même,
« pour ne pas salir le nom que vous êtes forcée
« de porter, j'eusse pardonné à votre mari
« sa honteuse escroquerie, si le silence qu'il
« garde vis-à-vis de moi, lorsqu'il devrait im-
« plorer mon indulgence, me laissait encore
« le choix de ma conduite. Je gémis de vous
« entraîner dans ma perte; mais je me révolte
« à la pensée qu'il pourrait me faire servir à
« tromper plus longtemps le monde sur sa bas-
« sesse et sa lâcheté : je le démasquerai donc.
« Cependant si vous pouvez trouver un moyen
« de le sauver bientôt, faites-le. Dans huit
« jours je serai à Paris, et alors il me faudra
« une *satisfaction réelle*, ou les tribunaux re-
« tentiront de mes plaintes. Pardonnez-moi,
« madame; pour moi, je ne puis que vous
« plaindre. »

« L'effet que cette lettre produisit sur moi ne fut point un étonement tel que vous pourriez vous l'imaginer. Le sentiment que j'éprouvai fut un effroi comme doit être celui du voyageur qui s'inquiète longtemps d'un bruit qu'il ne comprend pas, et qui découvre tout à coup qu'il est produit par un serpent à sonnettes. C'étaient mes doutes, mes soupçons et mes vagues terreurs nettement et subitement formulées à mes yeux ; c'était le mot d'une énigme qui avait souvent tourmenté ma veille et mon sommeil : mot terrible qui s'appliquait merveilleusement à chacun des événements de ma vie, et qui me les éclairait de leur vrai jour. Le mensonge de la vie d'Émile, comme un voile déchiré à un coin et que le moindre effort achève, ce mensonge entamé dans des relations de probité, s'écroula tout entier devant ma première réflexion, et ses repentirs d'amour prirent placent à côté de ses engagements d'honneur : tout était faux et joué. Bien certaine, à ce moment, que je n'avais d'autre espoir que le malheur, je voulus au moins confondre Émile, et m'affranchir hautement du rôle de dupe que j'avais subi jusque-là. Mais hélas! cette résolution ne dura que le temps de la concevoir; je m'épouvantai d'un si terrible avantage, je ne pus me figurer sans pitié Émile placé devant moi et écoutant la lecture de cette lettre; et cette fois encore, je reculai devant la position qu'il me faudrait prendre Sais-je même si jamais il eut eu connaissance de ce billet, s'il n'eût contenu que des accusations? Mais les menaces qu'il renfermait étaient si pressantes, qu'il fallait bien l'en avertir; et je dois dire, à la louange ou au blâme de son cœur, qu'avec tant de droits de plaintes et de reproches, ce fut le soin seul du salut d'Émile qui me détermina à lui communiquer la lettre de M. de Nattière.

« Pour arriver à ce but sans être témoin de la honte d'Émile, et sans vouloir néanmoins perdre le droit d'une explication, je posai cette lettre sur son bureau pendant qu'il avait les yeux tournés vers un autre endroit; il l'aperçut et je sortis. Je lui laissai le temps de la lire, trop de temps, peut-être, si ce fut alors qu'il conçut les projets que je découvris ensuite. Enfin je rentrai.

« — Je viens de lire cette infamie, me dit Émile aussitôt. Cet homme paiera de son sang chaque mot qu'il vous a écrit.

« — Mais il menace, et va arriver, lui répondis-je.

« — Oui, sans doute, reprit mon mari avec amertume ; comme on ne se bat pas avec ses débiteurs, il faut que je le paie avant de le punir de ses noirceurs.

« Quoique à coup sûr Émile fût coupable envers M. de Nattière, je lui sus gré de l'indignation qu'il montra contre ses accusations, et m'approchant de lui plus amicalement que je n'eusse pensé pouvoir le faire :

« — Mais comment le payer ? lui dis-je tristement.

« — Oh ! répondit Émile avec assurance, il me reste des ressources ; mais je n'ai que peu de temps pour les réunir. Il faut donc que je parte dès aujourd'hui, que je voie moi-même quelques-uns de mes correspondants de province : huit jours me suffiront à peine, mais ils me suffiront. Quant à toi, Fanny, écris seulement à M. de Nattière ce billet que tu feras remettre à son hôtel la veille de son arrivée. Émile me fit le brouillon suivant :

« Madame de Varni attendra ce soir M. de « Nattière, et lui donnera *la satisfaction réelle* « qu'il demande. »

« — A neuf heures je serai ici, et tu auras les fonds nécessaires, continua-t-il vivement.

« — Mais si tes espérances te manquaient? lui fis-je observer avec inquietude.

« — J'y serai également, et alors j'emploierai l'autre moyen, reprit-il avec un affreux regard.

« — Quel moyen? m'écriai-je...

« — Rien, rien, répondit Émile en se détournant; je suis sûr de mes correspondants : cela vaut mieux.

« Il partit en effet, et durant les huit jours qui suivirent son départ, je ne reçus pas une seule fois de ses nouvelles. Le jour de l'arrivée de M. de Nattière venu, je m'apprêtai à recevoir sa visite; car j'avais fait remettre chez lui le billet que m'avait dicté Émile. Pendant ces huit jours, j'avais eu le temps de me préparer à voir M. de Nattière; cependant je frémissais du résultat de cette entrevue. Quoique je n'eusse pas voulu accabler mon mari de la preuve de son mensonge vis-à-vis de moi, à qui il avait dit que tout était remboursé, cependant j'avais perdu toute foi dans ses promesses. Son silence vint en aide à mes défiances, et plusieurs fois je m'imaginai que, par une fuite cachée, il avait voulu se soustraire au sort qui le menaçait. Toutefois je mettais mes soins les plus attentifs à expliquer son voyage, sans m'apercevoir que je pouvais, par cette sollicitude, faire naître des soupçons sur une absence si naturelle pour un négociant. Mais le voile qui entourait le secret de notre vie intime avait été habilement tendu, et personne n'eût osé y porter la main, tandis que moi, qui voyais de près de si indignes secrets, je me figurais que tous les regards devaient y pénétrer. Le jour fatal vint enfin. A peine huit heures avaient sonné, qu'on m'annonça M. de Nattière. Malgré mon embarras, j'allai au-devant de lui, en lui disant :

« — Je ne vous attendais pas si tôt, monsieur, mon mari ne sera de retour à Paris qu'à neuf heures.

« M. de Nattière jeta autour de lui des regards soupçonneux, et me répondit en m'interrogeant du regard.

« — Ah ! M. de Varni n'est pas à Paris ?...

« — Non, lui dis-je ; il a été auprès de quelques-uns de ses correspondants de province, pour en rapporter la somme qu'il vous doit.

« — Vous en êtes sûre ! reprit M. de Nattière, toujours armé d'un air de défiance singulier ; sa façon d'être me fit craindre encore un malheur, et je ne pus m'empêcher de lui répliquer, en me mettant à pleurer :

« — Il me l'a dit, du moins, monsieur ; m'aurait-il encore trompée ?...

« M. de Nattière m'examina quelque temps en silence, et tout à coup sa figure changea d'expression ; lui-même parut attendri, et il me dit avec effusion :

« — Oui, il vous a trompée encore ; oui, mes soupçons étaient injustes, et vous n'êtes pas complice de ses nombreux mensonges.

« — Ah ! expliquez-vous, m'écriai-je ; a-t-il fui ! est-il parti ? où est-il ?

« — A Paris, me répondit M. de Nattière.

« — A Paris ! lui dis-je, interdite à cette nouvelle ; à Paris !...

« — Oui, reprit-il, à Paris ; caché, tout le jour, dans l'appartement qu'il a donné à votre femme de chambre, et la nuit assis à une table de jeu, parmi tous les rebuts du monde, avec tous les escrocs de la ville.

« Chaque mot de M. de Nattière tombait sur mon cœur comme un coup de massue ; je secouai la torpeur dont ils engourdissaient mon esprit, et je m'écriai après un silence :

« — Ah ! c'est impossible ! vous me trompez... Quelle est donc son espérance ? quels sont ses projets ?

« — Son espérance, me dit M. de Nattière

avec sévérité, la voici : après avoir ébranlé son commerce par un luxe vaniteux, il a cherché une ressource dans le jeu glissant de la Bourse; après s'être ruiné à la Bourse, il a soutenu son crédit par un infâme abus de confiance; et lorsque cet abus de confiance est prêt à le déshonorer, il cherche dans la boue des tripots si un hasard ne viendra pas à son aide pour le sauver encore.

« — Et d'où savez-vous tous ces détails? dis-je à M. de Nattière, en le dévorant de mes regards, comme si j'eusse voulu lire sa réponse avant qu'il pût me la faire.

« — D'après ce que j'avais appris, me répondit-il, j'avais trop d'intérêt à savoir ce que deviendrait M. de Varni. Depuis quinze jours, il est entouré d'espions qui ne le quittent pas...

« — Ainsi il est perdu, car cette honteuse ressource lui a manqué sans doute? m'écriai-je en tombant sur un siége.

« — Jusqu'à présent, répliqua M. de Nattière, elle n'a fait qu'ajouter à sa ruine.

« — Il est perdu? répétai-je sourdement.

« — Oh! répliqua M. de Nattière avec une expression de mépris profond, M. de Varni est un homme à expédients; il connaît l'art. 324 du code pénal, et a grand soin de faire donner ses rendez-vous d'affaires par sa femme.

« J'allais demander l'explication de ces paroles singulières, lorsque la porte de ma chambre s'ouvrit, et Émile parut. Il était joyeux et assuré. Je n'eus plus que la force de regarder. Il salua fièrement M. de Nattière, qui ne daigna pas s'incliner.

« — Je vous ai fait attendre, dit Émile; je vous prie de m'excuser : voici votre argent...

« Et il jeta sur la table des paquets de billets de banque et des rouleaux d'or. M. de Nattière les prit, les compta lentement, et après en avoir visité quelques-uns, il dit à mon mari avec un regard qui lui fit baisser les yeux :

« — Ils sont attachés par douze; c'est la

somme la plus forte qu'on puisse jouer d'un seul coup, ce me semble?

« — Il suffit, répondit Émile d'un ton sombre ; comptez votre argent...

« M. de Nattière continua avec la même froideur, et dit, après un moment de silence :

« — Il est inutile de vérifier ces rouleaux d'or ; ils portent une marque, sinon respectable, du moins certaine ; mais il manque dix mille francs encore.

« Émile fouilla vivement dans la poche de côté de son habit, et jeta un nouveau paquet sur la table, en disant :

« — Les voilà !

« Mais avec le paquet était tombé quelque chose de pesant ; je regardai, c'était un poignard. M. de Nattière le prit, l'examina avec un sourire moqueur, le tira, l'essaya sur son doigt, et reprit, toujours avec cette froideur glacée qui semblait confondre Émile :

« — C'est un excellent commentaire de l'art. 324 du code pénal...

« — Mon reçu! s'écria Émile avec une rage indicible.

« — Le voici, répondit M. de Nattière; et, avec le papier qu'il lui avait remis, il tira de sa poche et posa devant lui une paire de pistolets : Vous voyez, continua-t-il, que je m'occupe aussi de consultations judiciaires. Notre célèbre ami B....., l'avocat, m'a raconté en riant l'entretien que vous aviez eu avec lui, à propos de l'art. 324. En vérité, c'est *une* ressource entre les mains d'un mari habile, et vous pourriez réclamer le mérite de l'invention. Voulez-*vous* que je vous en fasse honneur?

« Émile se tut, mais, emporté par un mouvement de terreur inouï, il leva sur M. de Nattière un regard bassement suppliant.

« — Rassurez-vous, continua celui-ci avec un air de dégoût; il y a un bouclier entre vous et moi, c'est madame de Varni; et je lui jure sur l'honneur que pas un mot de ce qui s'est passé entre nous ne sera prononcé.

« Le plus misérable des hommes devant son

juge n'eût pas été plus confondu qu'Émile en face de M. de Nattière. Quant à moi, j'étais demeurée stupéfaite et sans comprendre le sens des paroles que j'entendais prononcer. M. de Nattière me salua profondément, et sortit. Mon mari, demeuré avec moi, ne m'adressa pas une parole ; mais jamais je ne vis tant de féroces passions se combattre sur le visage d'un homme. Presque aussitôt un billet arriva à Émile : il le parcourut, prit son chapeau, et s'élança hors de la chambre. Je demeurai seule ; le billet était par terre, je le ramassai, et le lus. Voici ce qu'il contenait :

« Accourez ; Louise est dans les douleurs « de l'enfantement, elle se désespère ; depuis « huit jours vous l'avez quittée si souvent, « qu'elle se défie de votre fidélité. Frascati est « peuplé de jolies femmes comme de billets « de banque, et elle croit que c'est pour elles « que vous y allez. Venez...

« Le docteur B.... »

« Ainsi M. de Nattière m'avait dit vrai.

Joueur et toujours infidèle, descendu aux plus basses habitudes et au plus honteux mensonge, voilà ce qu'était mon mari. Cependant un voile me couvrait encore la scène d'Émile et de M. de Nattière. — Il a d'autres expédients, m'avait dit celui-ci ; il connaît l'art. 324 du code pénal, et a soin de faire donner ses rendez-vous d'affaires par sa femme. — Je voulus une lumière complète, et je cherchai dans la bibliothèque un code, et dans ce code cet art. 324.... Le voici :

« Néanmoins, dans le cas d'adultère, le « meurtre commis par l'époux sur son épouse, « ainsi que sur le complice, à l'instant où il « les surprend en flagrant délit dans la mai« son conjugale, est excusable. »

« Je crus deviner, je n'en frémis pas. Je poursuivis ma pensée.

« A ce texte, j'ajoutai les paroles équivoques de M. de Nattière, l'accusation qu'enfermaient ses lettres et les souvenirs d'Alane ; je me rappelai le poignard tombé de la poche d'Émile, et je compris le crime dans toute son horreur.

« Ce fut une heure après que je quittai la maison de mon mari, et que je partis pour me cacher dans cet asile de mort, où des murs infranchissables s'élèvent entre ma faiblesse et lui, où je n'ai plus entendu parler d'Émile, où je me suis rendu le pardon impossible, où je ne cours plus le risque de m'engager dans une existence de tortures; car si j'étais restée, mon père, si j'étais restée... peut-être j'eusse cru... Je ne sais, mais je l'aime encore; et comme je le sentais, je suis partie. »

. . . .

NOTE.

M. de Varni est aujourd'hui un des plus brillants fashionables de Paris. Quelquefois on parle bien bas, pour ne pas alarmer sa sensibilité, de sa femme, qui, après l'avoir ruiné, s'est enfuie et a disparu avec quelque misérable de son espèce; toutes les mères de famille regrettent qu'il ne soit pas veuf; et il est question de le nommer préfet.

. . . .

LA LAMPE DE SAINT-JUST.

Il n'y a pas un siècle que, dans l'église de Saint-Just de Narbonne, au milieu de la chapelle qui se trouve à droite du tombeau de Philippe-le-Hardi, brûlait nuit et jour une magnifique lampe d'argent. Cette lampe était constamment alimentée d'huile odorante, et qui devait être de pure olive. Le soin de cette lampe n'était pas confié aux mains grossières des bedeaux et de leurs valets : un jeune abbé était ordinairement commis au soin de sa propreté et de son éclat. Cette lampe magnifique fut volée vers l'an 1754, et fut remplacée par un cierge qu'on devait également entretenir allumé sans interruption; mais le cierge n'excita plus l'admiration des fidèles comme faisait la lampe précieuse, et il disparut complètement vers l'an 1750. Il existe cependant encore quelques vieillards qui se rappellent l'avoir vue, et qui m'en ont parlé. Voici ce que j'ai pu découvrir de plus certain sur l'origine et la fondation de cette lampe :

Le 12 février 1547, vers minuit, un jeune chevalier de dix-neuf ans à peine, suivi de quatre glaives ou hommes d'armes à cheval, s'arrêta devant la porte de Lubiano Marrechi, Italien-Lombard, commerçant établi dans la ville de Narbonne. Comme la porte ne s'ouvrit pas dès le premier appel, les hommes d'armes se mirent en devoir de la briser; mais aussitôt la clé tourna dans la serrure, et le chevalier et ses hommes entrèrent dans une salle pauvrement éclairée. Celui qui leur avait ouvert était un petit vieillard d'un aspect assez commun, ayant, comme tous ceux de sa profession, l'œil alerte et inquiet. Il semblait vouloir regarder à la fois tous les visages et toutes les mains, pour pénétrer les uns et surveiller les autres. Au moment où les glaives entrèrent par la porte de la rue, une jeune fille à demi-vêtue s'élança de la porte opposée, et courant vers le chevalier, elle se jeta à son cou avec un cri de joie, et en disant :

— C'est donc toi, mon Joëz! ah! je t'attendais, et j'ai reconnu de loin le pas de ton cheval et celui de tes mules.

Elle avait à peine dit ces mots, qu'elle se recula avec effroi, car l'acier poli de la cuirasse du chevalier avait glacé sa jeune et tiède poitrine, et meurtri sa peau blanche et délicate. Elle considéra l'étranger, et se laissa tomber sur un siége étroit de cuir noir, en disant avec stupéfaction :

— Ah! ce n'est pas Joëz!

— Non, répondit le chevalier, je ne suis pas Joëz de Cordoue, le beau marchand de laines pourpres, et je n'apporte point de magnifiques présents à ma fiancée Diana Marrechi. Je suis Jean de Lille-Jourdain, et je viens exécuter les ordres du roi de France.

— C'est bien! reprit le vieux marchand; rentrez dans votre chambre, Diana : je suffirai, je pense, à faire les honneurs de notre maison au sir de Lille-Jourdain.

— C'est inutile, reprit celui-ci, car, à partir de ce moment, ni toi, ni aucun des tiens n'avez plus ni chambre ni maison. Toutes vos personnes sont saisies et tous vos biens sont confisqués.

— Tu délires, s'écria Marrechi en portant sa lampe au visage de Jean, ou plutôt tu n'es qu'un enfant qui joues à un mauvais jeu. Prends-garde, nous sommes sous la protection des consuls de la ville, et leurs sergents d'armes ont puni plus d'un chevalier banneret d'avoir méconnu leur sceau. Le voici au pied de la permission qui, moyennant dix écus d'or, m'est concédée de vendre et d'acheter toutes sortes d'objets à mon plaisir. Retire-toi donc, si tu ne veux que j'appelle les bourgeois, et te fasse un mauvais parti.

— Sus, mes fils, dit le jeune homme à ses soldats, faites comprendre à ce Lombard qu'il plaît au roi Philippe de s'emparer de tous ses biens pour s'indemniser des aides que lui ont refusées les états de la Langue-d'Oc.

Les soldats obéirent, garrottèrent le vieillard. Il ne pouvait s'imager que ce qui se passait fût une réalité, tant le secret de cette mesure avait été gardé, et tant elle arrivait foudroyante et imprévue. Diana, aussi immobile que son père, le corps à peine couvert d'une légère toile de lin, ne sentait ni le vent piquant qui collait son vêtement sur ses formes pures et sveltes, ni le froid des dalles qui glaçait ses pieds ; elle ne pensait pas qu'elle était exposée, presque nue, aux regards d'un étranger ; elle regardait Jean d'un œil fixe et presque insensé, et pendant ce temps, son père s'écriait avec désespoir :

— Ah! misércorde divine! qu'allons-nous devenir?

— Le voici, répondit le chevalier; toi, comme chef de la famille, tu seras enfermé, avec tous les Lombards du pays, dans un cachot bien obscur, où tu pourriras jusqu'à ce qu'il plaise à monseigneur le roi de t'en faire sortir...

— Et ma maison! dit le vieillard, que deviendra ma maison? Mes trésors, mes marchandises, privés de mes soins, que deviendront-ils?

— Ta maison! repartit le chevalier, nous allons en prendre les clés; nous la fermerons, et je te réponds que les commissaires du roi ne laisseront rien perdre de ce qui s'y trouve.

— Juste ciel! s'écria le vieillard, pour qui les malheurs se succédaient si rapidement qu'il n'avait pas le temps d'en mesurer l'horreur, et ma fille! mon enfant!

— Ta fille sera chassée de la ville avec les autres.

— Chassée! répéta le vieillard en se tordant dans ses liens.

— Chassée à l'instant même, reprit Jean sans s'émouvoir.

Diana arrachée à son immobilité par cette terrible parole, se leva soudainement, et prenant le chevalier par le bras avec un mouvement convulsif, en le regardant en face, elle lui dit :

— Et où veux-tu donc que Joëz me trouve, si tu me chasses d'ici ?

Jean de Lille-Jourdain ne put s'empêcher de regarder Diana avec une sorte d'intérêt. En effet. elle était belle de toute la beauté du sang italien ; ses cheveux noirs ruisselaient sur ses épaules ; sa poitrine haletait ; ses yeux respiraient une superbe résolution.

— Ma foi, Joëz la trouvera où il pourra, dit un des hommes d'armes ; mais n'oubliez pas, sire Jean, que nous avons treize expéditions pareilles à celle-ci à faire pour cette nuit, et que nous n'en finirons pas, si nous nous arrêtons aux larmes de tous les Lombards que nous avons à chasser.

— Tu as raison, dit le chevalier pensif. Allons, jeune fille, apprêtez-vous : on va vous conduire à la porte de la ville.

— Par la nuit et le froid! dit Lubiano : c'est tuer cette enfant. Miséricorde pour elle! miséricorde, monseigneur! ne la chassez pas de la ville!

— Oh! ne me chasse pas! s'écria Diana à genoux; laisse-moi cette nuit dans Narbonne : je la passerai sur la pierre de notre seuil; muette et couchée comme une morte, je ne dirai rien. Sur le salut de mon âme, j'attendrai Joëz, voilà tout; je l'attendrai toute la nuit; et s'il n'est pas venu au jour, comme je serai sans doute tout à fait morte de douleur et de froid, l'on ne pourra vous accuser, en voyant mon cadavre, de ne pas avoir rempli votre devoir et d'avoir eu pitié de moi.

Jean était prêt à s'attendrir. Tout à coup un bruit de chevaux se fit entendre. Diana s'élança vers la porte, mais la lueur des torches la fit rentrer; et la voix insolente du Galois de la Baume jeta de la rue ces paroles au jeune chevalier :

— Ah ! l'on voit bien que nous sommes au quartier du sire de Lille-Jourdain : rien ne le presse d'obéir, et il suit l'exemple de son père dans l'exécution des ordres du roi. Que Dieu prenne les traîtres en pitié !

Et il repartit au trop de ses chevaux.

Jean comprit que le Galois de la Baume, qui avait dénoncé son père pour lui ravir sa lieutenance générale du comté de Narbonne, ne manquerait pas d'ajouter cette accusation à toutes celles qu'il avait inventées. Il détourna donc ses regards de la jeune fille, et cria à ses hommes d'armes d'en finir. Diana, s'attachant à lui, poussait de vifs sanglots, et lui demandait à genoux de la tuer et de ne pas la chasser ainsi ; mais il la repoussa rudement. Elle tomba presque évanouie sur le sol. Les soldats l'emportèrent hors de la maison, ainsi que le vieux Lubiano.

— Adieu, ma fille ! adieu criait le vieillard, devais-tu mourir avant moi !

A ce mot, la jeune fille se releva, et mesurant Jean d'un œil de mépris, répondit à son père, d'un ton calme et assuré :

— Mon père je ne veux plus mourir !

Jean ne comprit pas le sens de ces paroles, et le vieux marchand n'y vit qu'une vaine menace. On les sépara.

A quinze mois de ce jour, Jean de Lille-Jourdain était assis sur un coussin aux pieds de la belle Rasselinde de la Baume. Elle écoutait avec amour les récits qu'il lui faisait de ses premières courses aventureuses ; et la mère de Jean, la superbe Isabelle de Levis, les considérait tous deux en souriant. C'était un groupe charmant que cette jeune fille, blonde et frêle, couchée dans un large fauteuil d'ébène, où sa robe blanche et souple la dessinait mollement, et ce beau jeune homme, presque à genoux devant une sainte image ; elle, les yeux inclinés sur lui ; lui, les yeux levés sur elle : Rasselinde, souriant et heureuse d'être aimée, l'écoutant parce qu'il parlait, et non par ce qu'il disait ; l'écoutant par sa voix, et non par ses paroles ; Jean, heureux de la voir, et dont le regard pensait plus loin qu'à l'heure présente, car le lendemain ils devaient se marier; et à côté d'eux, comme un ange gardien, la dame de Lille-Jourdain se contemplant dans son ouvrage, car c'était elle dont les soins finissaient, par cette union, les vieilles querelles des sires de Lille-Jourdain et des seigneurs de la Baume.

Le jour commençait à baisser. C'est l'heure où les fleurs donnent tous leurs parfums, où les fades chaleurs du printemps vibrent à l'horizon en larges et pâles éclairs; c'est le temps où la nature est si abondante en enivrements, qu'on se plaît au repos et au silence, de crainte de la troubler : aussi Jean et Rasselinde étaient-ils devenus silencieux. Jean, la tête appuyée sur les genoux de Rasselinde, elle, la main dans les cheveux de Jean; tous deux ivres de la même âme, ainsi que du même air et de la même lumière; tous deux oublieux de toute autre vie que la leur, ne pensant même plus aux dévorantes dévastations de la peste qui depuis quelques mois abattait comme un ardent faucheur les tremblantes populations de la Langue-d'Oc. C'était un de ces moments ineffables qui font de la plus folle et de la plus pauvre jeunesse un meilleur temps que de la vieillesse la plus riche et la plus prudente.

A ce moment, la porte de la salle gothique s'ouvrit, et une femme voilée s'y présenta. Jean se leva vivement; et, désagréablement interrompu dans ses longues pensées, il demanda rudement à cette inconnue ce qu'elle voulait.

— Jean de Lille-Jourdain, lui dit-elle presque solennellement, cette belle enfant n'est-elle pas Rasselinde, ta fiancée?

A cette voix, la jeune fille tressaillit, et, d'un œil inquiet, parcourut le visage troublé de Jean. Prévoyant quelque triste confidence d'un amour délaissé, elle se prit de peur pour son bonheur, et des larmes lui vinrent aux yeux. Jean répondit brièvement :

— Oui, elle est ma fiancée!

— Bien, dit la femme voilée avec quelque chose d'un vœu satisfait. Et aussitôt elle retourna vers la porte, et l'ayant fermée soigneusement, revint se placer devant Rasselinde. Elle parut la considérer attentivement à travers son voile; puis laissant tomber ses paroles une à une, comme si elle réfléchissait tout haut :

— Oh ! certes, elle est belle, plus belle que je n'avais espéré.

— Que vous importe? s'écria l'impatient jeune homme.

— Ce qu'il m'importe? reprit l'inconnue avec un léger tressaillement, c'est que je suis assurée, en la voyant si belle, que l'amour qu'elle t'inspire n'est pas une de ces affections frivoles qui se brisent sans déchirements. Ce qu'il m'importe? continua cette femme en élevant la voix et en se tournant vers Jean, c'est que ce sera un effroyable supplice pour toi que la pensée de la quitter.

— La quitter ! s'écria violemment le sire de Lille-Jourdain. Que nous veut cette femme, et qui l'a laissée entrer au château?

— Ce que je te veux? reprit-elle ; je veux t'avertir d'un danger qui vous menace, toi et ta belle fiancée ; d'un projet de vous séparer, qui a été conçu par un implacable ennemi.

— Il n'est pas d'ennemis qui puissent m'atteindre ou que je craigne, répondit fièrement le chevalier, à l'abri de mes remparts et de mon épée ; fût-ce le comte de Foix, fût-ce Armagnac, fût-ce le roi de France lui-même.

— Cet ennemi, reprit l'inconnue, n'est cependant qu'une pauvre femme, et malgré tes remparts et ton épée, elle tient en ses mains sa vengeance aussi inévitable, aussi sûre que celle de Dieu.

En disant ces mots, elle s'avança vers Rasselinde, et Jean de Lille-Jourdain se jeta entre elles, la main sur son poignard. Un effroi singulier se glissa dans son cœur ; et, bien qu'il ne parût pas raisonnable de craindre une femme seule et sans doute insensée, cependant un triste pressentiment l'agita, et sa voix tremblait lorsqu'il s'écria :

— Enfin, qui es-tu? que veux-tu?

— Qui je suis? répondit-elle gravement, je suis Diana Marrechi; ce que je veux? c'est ta vie.

Rasselinde, à ces paroles, poussa un cri d'effroi, et Jean, tout à fait rassuré et honteux du mouvement de crainte qui l'avait agité, la mesura avec un sourire dédaigneux; mais elle, continuant, s'écria avec un amer enthousiasme :

— Oui, je suis Diana Marrechi, qui s'est traînée à tes genoux en te demandant de lui laisser attendre son fiancé, nue sous la pluie et le vent, nue sur une pierre; je suis Diana Marrechi, que tu as repoussée du pied.

— Assez, assez! reprit le sire de Lille-Jourdain; sortez, ou je vais vous faire jeter hors de ce château par mes valets.

—Ils n'oseraient, répondit amèrement Diana.

— C'est donc moi qui le ferai! s'écria le chevalier; et aussitôt il s'avança vers Diana, et la saisissant par le bras, il voulut l'entraîner hors de la salle; mais elle, à son tour, prenant la main de Jean, la serra avec une rage convulsive, et la froissant entre les siennes, sembla s'attacher à lui. Cependant Jean était près de la faire sortir, lorsqu'elle s'arrêta soudainement.

— Eh bien! je sortirai, dit-elle, je sortirai;

mais accorde-moi une grâce : laisse-moi revoir ta fiancée; pour tout le mal que tu m'as fait, cette dernière faveur ! Oh ! tu peux tenir ma main ; je te jure sur mon âme que je ne l'approcherai pas : seulement que je la voie une dernière fois.

Aussitôt Diana et Jean s'avancèrent vers Rasselinde, qui s'était réfugiée, tremblante, dans les bras de la dame de Lille-Jourdain. La jeune fille considérait Diana avec un effroi insurmontable ; Jean lui-même, tout en la retenant violemment par la main, lui obéissait par une sorte de repentir vague. A ce moment, et lorsqu'un silence profond s'était établi entre toutes ces personnes, Diana, arrivée en face de Rasselinde, leva son voile, et poussant Jean vers la jeune fille, elle lui cria :

— Rasselinde de la Baume, voici Jean de Lille-Jourdain, votre fiancé, que vous présente Diana Marrechi !

A ces paroles, à ce mouvement, la foudre sembla avoir éclaté sur la tête de ces infortunés. Jean quitta convulsivement la main qu'il tenait, Rasselinde tomba à genoux, et la dame de Lille-Jourdain resta immobile et glacée. Diana se prit à rire.

— Eh bien! sire de Lille-Jourdain, s'écria-t-elle, où sont tes remparts et ton épée, contre la vengeance d'une pauvre femme? Misérable! qui me regardes avec des yeux stupides! oui, c'est vrai, je suis pestiférée, et tu portes en toi les germes de ta mort. Oh! vois donc maintenant comme ta fiancée est belle! Non, Joëz n'était pas si beau, sur mon âme!

Rasselinde, égarée, voulut se jeter dans les bras de Jean; mais lui, l'évitant avec terreur, s'écria :

— Oh! ne m'approche pas!... je ne suis plus ton fiancé!... Va-t-en! va-t-en!

— C'est mon fiancé, à moi! dit Diana en s'élançant vers lui; regarde, Rasselinde, comme je l'aime!

Et aussitôt, s'attachant à lui comme un serpent, elle l'enlaça de ses bras, couvrant son front et ses lèvres de baisers hideux, hurlant comme une hyène qui déchire sa proie; et pendant cette horrible lutte, ni la mère, ni la maîtresse de Jean n'osèrent lui porter secours. Elles le voyaient se débattre sous ces affreux embrassements, et ne savaient que pleurer et crier. Des valets accoururent, qui, à l'aspect de Diana, restèrent immobiles sur les portes, n'osant pas s'approcher de leur misérable maître. Enfin, Jean termina cet épouvantable combat d'un coup de poignard qu'il adresa droit au cœur de Diana.

Pendant la lutte, la dame de Lille-Jourdain avait fait vœu d'une lampe au bienheureux saint Just, si son fils échappait à ce danger. La donation de six pièces de vignes faite aux chanoines de l'église pour l'entretien de cette lampe rapporte, en effet, que Jean fut sauvé par l'intercession de ce saint; mais elle ajoute qu'il perdit l'usage de la main gauche, que Diana lui avait mordue avec fureur. C'est sans doute cette circonstance qui valut à ce seigneur le nom de sire de la Main-Morte, sous lequel il est plusieurs fois désigné dans le récit des guerres des peuples de la Langue-d'Oc contre les Anglais.

ÉTRENNES DES BONS MÉNAGES,

OU

CE QUE FEMME VEUT,
. . . . . LE VEUT.

PROVERBE EN TROIS ÉTAGES,

Joué avec succès le 1er janvier 1831, et jours suivants.

PERSONNAGES.

M. DUPLANTIS. — Ancien tailleur du régiment, qui parle avec majesté et fait sonner les lettres finales, et particulièrement les R : légèrement boiteux.

M. DUHAMEL. — Conseiller à la Cour Royale, digne d'être à la Cour de Cassation : inamovible parfait.

M. GRUMELOT. — Mari, ex-épicier, garde national, commis à la loterie, poudré, bas chinés, un parapluie rouge : belle écriture, lunettes sans branches et la queue.

MADAME DUPLANTIS. — 36 ans, grosse brune, accorte, leste, usant de la voix et du geste avec prodigalité ou discrétion, suivant les circonstances.

MADAME DUHAMEL. — 28 ans, pâle, blonde, délicate, perdue dans les mousselines et les dentelles : voix douce, regard changeant, les pieds et les mains d'une distinction rare.

MADAME GRUMELOT. — 26 ans, danseuse enracinée, belles formes, bête, voix canaille qu'elle adoucit quand elle ne parle ni à son mari, ni à son fils, ni à sa cuisinière, ni à un garçon de théâtre.

LOLO. — 10 ans, gamin destiné à vendre des contremarques.

ANATOLE. — 8 ans, déjà intelligent du mensonge et des bonnes manières.

GUGUSTE. — 9 ans, petit être étiolé, rongé par le rouge, brisé par les battements et les pliés : insolent, et qui a déjà vu des coulisses.

PIERRE.
FERNAND.
LÉON. } Trois forts gaillards convenables à l'étage où ils se trouvent.

URSULE. — Femme de chambre.

MARIANNE. — Cuisinière.

LE REZ-DE-CHAUSSÉE.

La Loge du Portier.

Tous les meubles d'une loge. Une pendule, une commode, un lit, une table, une fontaine, une soupente et un poêle.

SCÈNE PREMIÈRE.

MADAME DUPLANTIS, LOLO.

MADAME DUPLANTIS, *dans la loge, occupée à ranger.*

Lolo, as-tu ciré les bottes à ton père?

LOLO, *en dehors.*

Ah! c'est embêtant. Tenez, v'là une heure

que je frotte, ça reluit comme rieu du tout. (*Il renifle.*)

MADAME DUPLANTIS.

Veux-tu pas renifler, méchant gamin! Tiens, v'là mon tablier de la semaine, mouche-toi : Dieu de dieu! peut-on avoir un nez dans cet état-là un jour de l'an.

LOLO, *sans prendre le tablier...*

Ah ouah! le tablier... C'est fait.

MADAME DUPLANTIS.

Sur ta manche, affreux enfant! sur ta manche.

LOLO.

Eh! elle est vieille.

MADAME DUPLANTIS.

Une veste d'un an, que tu ne mets que depuis six mois à tous les jours, malpropre!.. tu ricannes! Lolo!.. ne ricannes pas!

LOLO.

Ehû!.. (*Madame Duplantis lui donne un*

soufflet, et Lolo se met à pleurer en reniflant.)

MADAME DUPLANTIS.

Pleure, pleure, monstre d'ingratitude ; tu ne mourras jamais que sur l'échafaud.

SCÈNE II.

MADAME, DUPLANTIS, LOLO, M. DUPLANTIS, *un balai, une brosse, de la cire à la main. et suant à grosses gouttes.*

DUPLANTIS.

Ne pourriez-vous battre cet enfant de la sorte qu'il criât moins fort?

MADAME DUPLANTIS.

C'est ça. Et qu'est-ce qui le battra, ce garnement? Une fois que tu as fait ton escalier, tu ne t'occupes plus à rien. C'est bien ! il prospérerait joliment dans le vice avec des leçons comme ça !

DUPLANTIS.

Je ne suis point injuste : je ne dénie pas qu'il faille le battre ; mais je serais pour qu'il ne criât pas! D'ailleurs, pourquoi frapper cet enfant sur la joue? Dans sa petite intelligence, il peut prendre cela pour un soufflet, et se sentir humilié. A son âge, je me serais récalcitré.

MADAME DUPLANTIS.

C'est ça, poussez-le à sa perte...

LOLO, *rentrant.*

V'là les bottes à papa...

DUPLANTIS.

Ne pleure pas, Lolo, je te donnerai un fusil, un briquet et une giberne; fils d'un brave, tu l'y as des droits...

MADAME DUPLANTIS.

Achète-lui un dé et des aiguilles, et qu'il se mette à l'ouvrage.

LOLO.

C'est régalant l'ouvrage.

MADAME DUPLANTIS.

Feignant! (*Fifi qui est dans le berceau se met à pousser des cris aigus.*) Pauvre cher petit! Attends, Fifi, attends. Cher ami! il a des coliques.

DUPLANTIS.

Si monsieur Fifi se donne les gants de crier aussi, bonjour, adieu...

MADAME DUPLANTIS.

Tu le haïs donc bien cet enfant? Pauvre Loulou! il demande à têter à sa pauvre mère. (*L'enfant redouble ses cris.*)

LOLO.

Ah! maman, comme ça pue!

MADAME DUPLANTIS, *à Fifi.*

Tu es t'indisposé, cher ami.

DUPLANTIS, *prenant une prise.*

Amour d'enfant, va!

MADAME DUPLANTIS.

Vous ne pouvez pas le sentir, ce malheureux ! Ta mère t'aimera, va, Fifi, si l'on te haït ici.

DUPLANTIS.

Je ne l'haïs point, mais je vais chez le marchand de vin du coin attendre un instant que monsieur Fifi...

MADAME DUPLANTIS.

De quoi ! chez le marchand de vin ! et qu'est-ce qui va faire les boîtes pour les cartes de visites, et écrire les noms dessus?

DUPLANTIS.

Qui? qui les a faites l'an dernière? ce n'est pas moi.

MADAME DUPLANTIS.

Au fait ! c'est pas moi.

DUPLANTIS.

Ce n'est pas toi, Lolo; ton éducation ne te le permettait pas.

LOLO.

Je crois bien, puisque, depuis deux ans, je suis toujours aux bâtons; nous ne commencerons les jambages qu'après Pâques. Eh! papa, c'est le grand Pierre qu'a fait les boîtes et les noms l'an dernière.

MADAME DUPLANTIS, *avec émotion.*

Pierre?

DUPLANTIS, *avec dignité.*

Monsieur Pierre...

MADAME DUPLANTIS.

C'est vrai, ce garçon faisait tout votre ouvrage.

DUPLANTIS.

Tout mon ouvrage, madame Duplantis.

MADAME DUPLANTIS, *avec résignation.*

Tiens, Duplantis, ne parlons pas de ça! Ah! ça m'a fait assez de peine quand il est parti. Un bon sujet!

DUPLANTIS.

En seriez-vous regrettante?

MADAME DUPLANTIS, *remettant Fifi dans son berceau, et d'un ton digne.*

Regrettante de quoi? d'un homme dont on a dit qu'il me faisait la cour! je préférerais la mort! Travailler toute la journée à laver les escaliers, les cirer moi-même, passer les nuits à attendre les locataires, je le préférerais que de le reprendre. Un homme dont on a pu dire!.... Ah! (*Elle pleure et essuie ses yeux.*) Tiens, Lolo, va balayer la cour, je vais faire les boîtes.

DUPLANTIS.

Allons, madame Duplantis, je sais que tu en es incapable... Lolo est trop petit pour balayer, et tu ne sais pas écrire!

MADAME DUPLANTIS.

C'est pourtant pas Pierre qui le fera : et comme tu vas chez le marchand de vin!

DUPLANTIS, *après un moment de silence.*

Tiens! c'est la vieille madame Quinquelot, du n° 12, qui a cancanné tout ça.

MADAME DUPLANTIS.

Voilà! voilà l'honneur! d'être sacrifiée comme tu me l'as fait à la langue d'une Quinquelot!

LOLO, *pleurant.*

Maman, je lui tortillerai son angola.

MADAME DUPLANTIS.

Embrasse ta mère, Lolo; tu sens son chagrin toi... Monsieur Duplantis, cet enfant-là a une âme... Berce ton frère, Lolo, berce-le. Pauvre Fifi, innocente créature! on l'a soupçonné aussi.

DUPLANTIS, *attendri.*

Allons ne pleure pas, ce n'est pas une affaire sans remède.

MADAME DUPLANTIS, *pleurant tout bas.*

Je ne me plains pas; je ne demande rien.

SCÈNE III.

DUPLANTIS, MADAME DUPLANTIS, LOLO, PIERRE.

PIERRE, *ouvrant la porte.*

Un paquet pour madame Duhamel.

LOLO, *courant au-devant de Pierre.*

Ah! c'est Pierre! Bonjour; as-tu mes étrennes? Je te souhaite la bonne année. (*Pierre embrasse Lolo.*)

MADAME DUPLANTIS, *bas à son mari.*

Il a bon cœur, lui; il ne méprise pas Lolo. Il l'aime autant que Fifi, au lieu que toi!..

DUPLANTIS, *avec accent.*

Bonjour, Pierre; nous parlions de vous avec mon épouse.

PIERRE.

Vous êtes bien bon, monsieur Duplantis. Comme j'avais une commission dans la maison, je me suis permis de venir vous voir.

DUPLANTIS.

Vous avez bien fait, Pierre.

PIERRE.

Et de venir vous présenter la bonne année, et, si je l'osais, un petit cadeau d'étrennes... Bonjour, mame Duplantis.

MADAME DUPLANTIS, *d'un ton affectueux, sans se déranger de son ouvrage.*

Bonjour, monsieur Pierre ; bonjour.

LOLO.

Y en a-t-il pour moi, dis donc ? eh !

PIERRE.

Monsieur Duplantis, voulez-vous accepter cette tabatière de peu de chose, mais c'est le cœur qui l'offre.

DUPLANTIS, *prenant.*

Pierre, c'est pour vous que je le fais.

PIERRE.

Je ne dois pas oublier que je vous ai servi

deux ans ; vous ne me refuserez pas de vous en récompenser.

DUPLANTIS.

Quel est ce mode de tabatière?

PIERRE.

Une révolution des 27, 28 et 29, avec les noms des héros morts pour la liberté.

DUPLANTIS, *regardant.*

C'est vrai! c'est caucace..... (*Il met ses lunettes, et lit.*)

MADAME DUPLANTIS.

A propos, comment va votre blessure?

PIERRE.

C'est fini, mame Duplantis; c'est fini..... Tiens, Lolo, voilà la famille royale en pain d'épice.

LOLO.

Oh! comme il y en a!

MADAME DUPLANTIS.

Lolo, ne mange pas tout : donne-moi ces huit-là, je vais les mettre dans la commode.

LOLO, *épelant.*

P h i, Phi, l i p, lip, p e, pe. Ohé! Philippe premier; je vais manger mon Philippe premier.

PIERRE.

Mame Duplantis, j'ai osé espérer qu'une simple boîte à ouvrage.....

MADAME DUPLANTIS, *embarrassée.*

Monsieur Pierre, je ne sais pas si.....

DUPLANTIS, *sans cesser de lire.*

Tiens, tiens, accepte; de notre ancien domestique, c'est trop juste.

MADAME DUPLANTIS, *prenant la boîte.*

Merci, monsieur Pierre.....

PIERRE, *bas.*

Il y a un double fond.

DUPLANTIS, *ôtant ses lunettes et s'approchant.*

Quand je pense, Pierre, que j'aurais pu lire mon nom écrit sur cette tabatière ; car enfin, je pouvais être tué dans les trois jours.

PIERRE.

Au fait, ça doit être agréable, quand on s'est battu?

MADAME DUPLANTIS, *à part, après avoir visité le double fond de la boîte.*

Ah! deux cœurs enflammés percés d'une flèche, comme c'est délicat! (*Elle sourit à Pierre et referme la boîte.*) Lolo, vois-tu cette boîte!.... si tu as le malheur d'y toucher, je te fourre le fouet.

PIERRE, *tendrement.*

Le petit va bien?

MADAME DUPLANTIS.

Fifi? voyez comme il est gentil! Pauvre chéri! il a déjà cinq dents! Comme il vous regarde!... Il a déjà une connaissance!... Sit... sit..... faites une risette à Pierre, monsieur Fifi.

PIERRE, *attendri.*

C'est un bel enfant.

DUPLANTIS.

Je le crois bien.

PIERRE.

Maintenant, je vais au premier, remettre ça à madame Duhamel; et puis, nous irons avec M. Duplantis, s'il le veut permettre, boire un litre.

MADAME DUPLANTIS.

Qu'est-ce que c'est donc qu'ça pour madame Duhamel?... Quel petit paquet! c'est tout léger. On dirait des papiers... Ça n'est pas un cadeau bien conséquent.

PIERRE.

Il faut pourtant que ça soit bien précieux,

puisque M. Fernand d'Artelles m'a recommandé de ne le remettre qu'à elle seule.

MADAME DUPLANTIS.

C'est drôle! c'est pourtant pas une lettre... Mais, monsieur Pierre, il est trop matin pour parler à madame Duhamel.

PIERRE.

Oh! il paraît qu'elle attend ça avec impatience; et puis, il y a un bon pour-boire, et si M. Duplantis veut en redescendant.....

MADAME DUPLANTIS.

Je suis sûre, Pierre, que vous n'entrerez pas ; il faudra donner ça à une femme de chambre, parce que madame n'est pas levée... au lieu que moi, une femme!

DUPLANTIS.

Ma femme à raison.

MADAME DUPLANTIS.

Attendez-moi ici avec Duplantis. Je vais

vous avoir votre réponse. Duplantis fais les boîtes.....

PIERRE.

Merci, mame Duplantis, je vas aider votre mari.....

SCÈNE IV.

M. DUPLANTIS, PIERRE, LOLO.

DUPLANTIS, *coupant du papier pour les boîtes.*

C'est, au fond, une femme bien serviable que ma femme.

PIERRE, *de même.*

A qui le dites-vous?

DPLANTIS, *à Lolo.*

Qu'est-ce que tu farfouilles dans la commode, Lolo?

LOLO.

Je cherche un prince.

DUPLANTIS.

T'as fini ton roi déjà?

PIERRE.

Que voulez-vous, s'il n'a pas déjeuné, cet enfant?

LOLO, *épelant.*

En v'là un... D u c, duc; d'O r, d'Or; l é a n s. Oh! le duc d'Orléans! Est-il gentil!... Gobé! gobé!

DUPLANTIS.

Ne prends que les cuisses, Lolo; allons donc, ne sois donc pas ainsi sur ta bouche dès le matin.

PIERRE.

Vous accepterez de venir tout à l'heure chez le marchand de vin...

DUPLANTIS.

Avec plaisir.

SCÈNE V.

DUPLANTIS, PIERRE, LOLO, MADAME DUPLANTIS.

MADAME DUPLANTIS, *furieuse.*

Quelle horreur! quelle abomination! Un jour de jour de l'an laisser des escaliers dans des états pareils!... Duplantis, tu mériterais qu'on nous mette à la porte. Nous n'aurons pas d'étrennes, c'est sûr, nous n'en n'aurons pas.

DUPLANTIS.

Traiter d'abomination un homme qui a frotté cent dix-sept marches!

MADAME DUPLANTIS.

Frotté! t'appelles ça frotté!... parce que t'es t'allé hier à la Gaîté avec quelque... Oh!... tu n'as pas la force de frotter tes escaliers aujourd'hui, vieux oie!

PIERRE, *s'interposant.*

Mame Duplantis, c'est rien!..... Monsieur Duplantis.....

MADAME DUPLANTIS, *pleurant.*

Ah! monsieur Pierre, je suis le malheur même avec cet homme-là!

DUPLANTIS.

Allons donc, on m'a médit à ton égard... J'ai été seul et unique à la Gaîté, et tant qu'aux escaliers, j'y ai sué le meilleur de mon sang.

MADAME DUPLANTIS.

Ta rampe n'est pas essuyée!... Donne-moi le torchon; donne donc, puisqu'il faut que je fasse tout... Lolo, veille au cordon; ton père est insuffisant! Mon garçon, faut penser à gagner notre vie.

PIERRE.

Allons, mame Duplantis, ne vous fâchez pas. Monsieur Duplantis était un peu fatigué. Tenez... j'ai ma journée...

DUPLANTIS.

Est-ce que tu n'es pas en maison?

PIERRE.

Mon Dieu, non; je suis resté frotteur au mois, et si vous avez votre brosse, je vais vous donner un petit coup de main.

DUPLANTIS, *avec grâce.*

Ou plutôt un petit coup de pied.

MADAME DUPLANTIS, *minaudant.*

Allons, allons, monsieur Duplantis, on sait que vous avez de l'esprit. Eh bien! soit, Pierre, soit..... Je monte chez madame Duhamel.

PIERRE, *prenant les brosses, etc.*

C'est ça, service pour service.

DUPLANTIS, *bas.*

Dépêche-toi, nous filerons un chassé chez le marchand de vin.

MADAME DUPLANTIS, *bas.*

Je vais parler pour toi à madame Duhamel... Tu rentreras.

LOLO, *étouffant.*

Papa... c'est embêtant, rien que du pain d'épice.

Une voix en dehors.

Si on vient demander ma femme, vous direz que je n'y suis pas.

PIERRE.

Qui donc ça, monsieur Duplantis?

DUPLANTIS.

Hé! c'est monsieur Grumelot, le mari de la danseuse de l'Opéra, du second, dont on dit que monsieur Duhamel...

MADAME DUPLANTIS, *du haut de l'escalier.*

As-tu fini de bavarder là-bas? Pierre, allons donc ; vous êtes aussi cançannier que lui.

PREMIER ÉTAGE.

Le Salon.

SCÈNE PREMIÈRE.

MADAME DUHAMEL, URSULE.

MADAME DUHAMEL, *un calepin à la main.*

Tout ce que j'ai demandé est-il arrivé?

URSULE.

Oui, madame.

MADAME DUHAMEL, *lisant sur son calepin.*

Voyons si rien n'y manque..... C'est bien, très bien! A propos, je n'ai rien pour ce jeune musicien qui vient accompagner chez moi, et que m'a procuré M. d'Artelles.

URSULE.

Ah ! M. Léon ?... qui donne aussi des leçons de chant à madame Grumelot.

MADAME DUHAMEL.

Vous êtes folle... une danseuse...

URSULE.

C'est tout de même ; il roucoule avec madame Silvia, comme elle s'appelle sur l'affiche.....

MADAME DUHAMEL, *étonnée.*

Silvia ! dites-vous ? Cette madame Grumelot n'est autre que la danseuse de l'Opéra, Silvia ?... que M. Du... (*Elle se contient.*)

URSULE.

Oui, madame.

MADAME DUHAMEL, *à part.*

C'est une indignité ! (*Haut.*) Qu'on ne prononce jamais le nom de cette femme devant moi... (*A part.*) Ah ! quelle insulte, monsieur ! quelle insulte !

SCÈNE II.

MADAME DUHAMEL, URSULE, ANATOLE.

ANATOLE.

Bonjour, maman, bonjour.

MADAME DUHAMEL.

Tu arrives seulement de chez ta marraine?

ANATOLE.

Non, maman ; je ne te croyais pas levée, et je suis entré chez papa qui m'a donné mes étrennes.

MADAME DUHAMEL.

Voyons, mon ami...

ANATOLE.

C'est dans ma chambre ; un La Harpe et un Anacharsis.

MADAME DUHAMEL.

Ton papa a raison ; tu vas avoir bientôt

huit ans, il est temps de t'occuper de choses utiles.

ANATOLE.

Oui, maman.

MADAME DUHAMEL.

J'ai aussi mes petites étrennes pour toi..... Regarde!

ANATOLE.

Ah! un cheval à bascule!... Il est plus grand que celui d'Alfred. Ah! maman, je te remercie bien. (*Il grimpe sur le cheval.*)

MADAME DUHAMEL.

Prends garde de te blesser.

ANATOLE, *à cheval.*

Ah! maman... Oh! oh! petit... Maman, j'ai rencontré dans la salle à manger... Au galop! hai!... Madame Duplantis qui... En avant! (*Il contrefait le trompette.*) Pux pu pu tux tu pu tu..... Elle vous attend depuis une heure. Mort! tux tux tux rux tu tux tu.

MADAME DUHAMEL, *assise au coin du feu.*

Ursule, vous ne m'aviez point dit cela.

URSULE.

Madame, les portiers sont si insoutenables... les jours comme celui-ci...

MADAME DUHAMEL.

Ce n'est pas votre affaire... Faites entrer.

(*Ursule sort.*)

ANATOLE, *descendant de cheval.*

Maman, ah! je suis bien fatigué! Fais-moi voir tes étrennes.

MADAME DUHAMEL.

Regarde, mon ami, mais ne touche pas à cet album qui est sur mon piano.

ANATOLE.

Tiens! il est tout pareil à celui que M. d'Artelles avait l'autre jour.

MADAME DUHAMEL.

Comment, Anatole, d'où savez-vous?...

ANATOLE.

Maman, j'ai rencontré l'autre semaine M. d'Artelles chez M. Gavarni, et il y avait un album tout pareil où M. Gavarni faisait une peinture.

MADAME DUHAMEL.

Anatole, il est inutile de dire ces choses-là... Vous êtes déjà d'un âge à être discret... (*Elle l'embrasse.*) Tiens, prends ce sac de bonbons sur l'étagère; prends, mon ami...

ANATOLE.

Oui, maman.

SCÈNE III.

MADAME DUPLANTIS, MADAME DUHAMEL, ANATOLE

MADAME DUPLANTIS.

Je me suis permise, madame, de venir vous offrir mes respects et mes souhaits...

MADAME DUHAMEL.

C'est bien. Je suis bien aise de vous voir, pour vous dire que je suis fort contente de la manière dont vous tenez la maison.

MADAME DUPLANTIS.

Dame, madame, ce n'est pas si bien que ce pourrait être, parce que, voyez-vous, madame, une femme a beau faire, elle n'a pas la force d'un homme... dame! mais je fais tout ce que je peux.

MADAME DUHAMEL.

Votre mari ne travaille donc pas?

MADAME DUPLANTIS.

Dame, madame, je ne suis pas ici pour accuser mon mari; mais il se fait vieux beaucoup...

MADAME DUHAMEL.

N'aviez-vous pas, l'année dernière, un garçon de service?

MADAME DUPLANTIS.

Oui, madame... pour les gros ouvrages... où mon mari ne pouvait pas suffire.

MADAME DUHAMEL.

Pourquoi l'avoir renvoyé? Vos gages et vos profits sont assez considérables.

MADAME DUPLANTIS, *hésitant*.

Ah! voyez-vous, c'est une histoire... On a fait des cancans dessus lui, parce que Pierre, voyez-vous, madame, Pierre n'a que vingt-cinq ans, et, voyez-vous, madame, mon mari l'a renvoyé.

MADAME DUHAMEL, *sévèrement.*

Ah! je comprends; c'est trop juste... et j'espère que depuis ce temps vous n'avez plus revu ce jeune homme?

MADAME DUPLANTIS.

Pardon, madame, je l'ai revu.

MADAME DUHAMEL, *plus sévèrement.*

Comment! vous avez osé?...

MADAME DUPLANTIS, *tirant un paquet de sa poche.*

Hélas! tout à l'heure, où il m'a remis pour vous ce petit paquet, de la part de M. d'Artelles.

MADAME DUHAMEL, *d'un ton très radouci.*

Ah! pour moi? C'est bien, c'est très bien... Donnez. (*Elle défait le paquet.*) Enfin, les lettres!... (*Elle les parcourt avec des signes d'indignation, pendant qu'Anatole montre à madame Duplantis ses jouets.*)

ANATOLE.

Vous donnerez ces bonbons-là à Lolo, de ma part.

MADAME DUPLANTIS.

Oui, Monsieur Anatole. Vous êtes bien gentil.

MADAME DUHAMEL, *à part.*

Ah! une lettre de Fernand...

« Voici les lettres de votre mari à Silvia, « que Léon a obtenues d'elle, et que j'ai su « lui arracher. N'oubliez pas que j'ai juré « d'être discret, et que je les ai demandées « seulement pour en rire avec quelques amis « à un déjeuner de garçons. Soyez sage et pru- « dente, et souvenez-vous que notre avenir « est dans vos mains. Ma vie est à vous. A « bientôt. » (*Elle jette la lettre au feu, se retourne et voit madame Duplantis.*)

Ah! madame Duplantis, vous êtes encore là?... Qu'attendez-vous donc?...

MADAME DUPLANTIS.

La réponse pour le commissionnaire.

MADAME DUHAMEL.

Quel commissionnaire?

MADAME DUPLANTIS.

Pierre, celui qui était l'an dernier chez nous, et qui vient de porter le petit paquet... de la part de M. d'Artelles.

MADAME DUHAMEL.

Bien... je me rappelle... Dites-lui que je m'engage à le faire rentrer chez vous; j'en parlerai à votre mari... assurément.

MADAME DUPLANTIS.

Merci, madame.

MADAME DUHAMEL.

A propos, quel est ce monsieur Grumelot qui a pris le petit appartement du second?

MADAME DUPLANTIS, *souriant.*

Ah! madame... sa femme est danseuse... je le sais, parce qu'elle m'a donné des billets; car, quand ils sont venus louer, monsieur ne nous a pas envoyés aux renseignements comme d'ordinaire... D'ailleurs, ils ont payé six mois d'avance.

MADAME DUHAMEL.

À vous?

MADAME DUPLANTIS.

Non, Madame... Tout ce que je sais, c'est qu'ils ont quittance de monsieur... ils me l'ont montrée.

MADAME DUHAMEL.

C'est bien... Je n'oublierai pas votre protégé... J'entends M. Duhamel. Anatole, laisse-moi... va jouer dans la bibliothèque (*Madame Duplantis et Anatole sortent.*)

SCÈNE IV.

MADAME DUHAMEL, *puis* M. DUHAMEL.

(Madame Duhamel cache son visage dans son mouchoir, la tête appuyée sur une main; de l'autre, elle tient les lettres, qu'elle cache avec précaution dès qu'elle entend la voix de son mari.)

M. DUHAMEL.

Bonjour, ma chère amie... Déjà levée!

MADAME DUHAMEL, *sortant soudainement de sa rêverie, et s'essuyant les yeux.*

Pardon, Monsieur, pardon ; je ne vous avais pas entendu.

(M. Duhamel veut l'embrasser ; elle détourne la tête avec un soupir.)

M. DUHAMEL.

Eh bien, Blanche ! c'est ainsi que vous me recevez aujourd'hui ? Ah ! ce n'est pas bien... Vous me haïssez donc beaucoup !

MADAME DUHAMEL, *avec une voix douce et douloureuse.*

Moi, Monsieur ! vraiment non... mais j'ai mal dormi... je souffre beaucoup depuis quelque temps.

M. DUHAMEL, *avec empressement.*

Mais, mon Dieu ! ma chère amie, qui peut vous affecter à ce point ?

MADAME DUHAMEL, *avec une légère impatience.*

Non, non, Monsieur, ne parlons pas de moi... Laissons ce sujet... je ne me plains pas... parlons de vous, mon ami... Vous avez été faire des visites? vous êtes sorti.

M. DUHAMEL.

Pour vous seule... les étrennes sont d'un difficile cette année... on ne sait que donner... Leblanc n'a rien... Susse n'a que des vieilleries... le gothique date de quatre ans, et puis cela sent la cour de Charles dix en diable... revenir aux antiques de la république, c'est aller un peu vite... enfin je ne savais que choisir, lorsque la loi sur la liste civile m'a décidé. Dix-huit millions! sans maison militaire, ni train de chasse, et un roi économe! on peut encore avoir une fort belle cour avec cela, et j'ai pensé qu'une parure ne serait pas sans à propos.

MADAME DUHAMEL, *distraite.*

Oui vraiment... tout cela est beau... trop

beau... merci, Monsieur. N'allez-vous pas chez le roi avec vos collègues ?...

M. DUHAMEL.

Oui vraiment, ma chère, et même j'ai donné à M. le premier président quelques idées. Ah ! vous n'avez peut-être pas remarqué que jusqu'à ce jour on a appelé le roi seulement : Sire ; il me semble que ce serait fort adroit d'être les premiers à lui dire : Votre Majesté.

MADAME DUHAMEL, *soupirant et sans écouter son mari.*

Ah ! quel jour ! quelle différence !

M. DUHAMEL.

Vous ne m'écoutez pas, ma chère amie, vous êtes souffrante ?

MADAME DUHAMEL, *avec un commencement d'impatience.*

Non, Monsieur ; ne me forcez pas à parler.

M. DUHAMEL.

Certes, je ne prétends pas, Madame.

MADAME DUHAMEL, *s'animant.*

Vous m'y forcerez, Monsieur, et bien malgré moi !

M. DUHAMEL.

Je respecte vos secrets, à coup sûr.

MADAME DUHAMEL, *se levant.*

Vous le voulez, Monsieur, vous l'exigez, je parlerai donc! d'ailleurs, il y a assez longtemps que je souffre de vos indignités.

M. DUHAMEL.

Mes indignités, Madame! cette expression!...

MADAME DUHAMEL.

On n'outrage pas une femme comme vous le faites! Quelle est cette fille que vous logez dans votre maison?

M. DUHAMEL, *troublé.*

Quelle fille, madame? je ne comprends pas.

MADAME DUHAMEL.

Quelle fille!... une madame... ah! son nom est sale à prononcer! une fille de l'Opéra!..... une maîtresse, enfin.

M. DUHAMEL.

Blanche? quelle folie! peux-tu croire que mon cœur...

MADAME DUHAMEL.

Votre cœur, Monsieur? Ah! vous en aviez un digne de comprendre le mien, quand vous me disiez: Si jamais je te trahis, venge-toi, je ne saurais t'en vouloir! vous m'aimiez alors.

M. DUHAMEL.

Mais, ma chère amie, vous écoutez les calomnies, des bruits absurdes qui ne devraient pas même vous arriver.

MADAME DUHAMEL.

Non, Monsieur, je ne suis pas comme vous, le propos d'un sot ou d'une rivale ne me suffit pas pour vous soupçonner, il me faut des preuves....... et....... malheureusement...... Ah! Monsieur...... elles ne vous honorent pas!...

M. DUHAMEL.

Que dites-vous, Madame? je veux savoir...

MADAME DUHAMEL.

Je les ai attendues bien long-temps sans me plaindre, et vous, pendant ce temps, comment m'avez-vous traitée? me laissant dans la solitude, et n'occupant les instants que vous passiez près de moi... qu'à déplaire aux gens que je recevais... enfin je suis seule...

M. DUHAMEL.

Voici qui est d'une injustice, ma chère amie!...

MADAME DUHAMEL.

Comment, Monsieur, d'une injustice! Et M. d'Artelles, ne lui avez-vous pas interdit votre maison?

M. DUHAMEL, *vivement*.

Pour M. d'Artelles, madame, vous trouverez bon que je ne le reçoive pas; il était près de vous d'une assiduité!... Madame, tout le monde en parlait... C'est de votre faute... Il n'y a pas jusqu'à un député qui s'en est aperçu, et qui me l'a dit.

MADAME DUHAMEL.

Une sottise à ajouter aux autres; en quoi voient-ils clair, ces messieurs? Mais enfin, il est vrai que votre tyrannie m'a privée de la présence d'une personne qui me convenait.

M. DUHAMEL.

Vous l'aimiez, Madame?

MADAME DUHAMEL.

Que je l'aimasse ou non, il vous déplaisait, Monsieur, et c'était déjà quelque chose; il excitait votre jalousie, c'était beaucoup! Enfin, c'était une distraction.

M. DUHAMEL.

Je vous donnerai toutes celles que vous pourrez désirer.

MADAME DUHAMEL.

Je n'en veux pas, Monsieur; ce que je veux, c'est la considération que vous devez à votre femme. En éloignant M. d'Artelles, vous avez fait naître des soupçons, tenir des propos qui me compromettent à jamais. On nous dit brouillés... on dit qu'il m'abandonne. Ah ! comment pouvez-vous entendre tout cela sans rougir ?

M. DUHAMEL.

Mais, Madame, vous voyez M. d'Artelles dans le monde ; il vous parle ; que faut-il de plus ? Et même il vous parle beaucoup trop.

MADAME DUHAMEL.

C'est juste, Monsieur, il me parle beaucoup trop ; puisqu'il n'est pas reçu chez moi, que voulez-vous qu'on en pense ? tandis que s'il venait ici comme autrefois, s'il était admis dans notre intimité, eh bien ! c'est un ami, dirait-on, dont la causerie nous plaît... c'est une compagnie qu'on préfère... Ce serait beaucoup plus décent, Monsieur... oui, beaucoup plus décent !

M. DUHAMEL.

Vous n'espérez pas sans doute que je ferai...

MADAME DUHAMEL.

Monsieur, je pourrais l'inviter chez moi, sans votre consentement; mais, comme je ne veux pas suivre votre exemple, comme je ne veux pas manquer d'égards envers vous, j'exige absolument que vous me permettiez de le recevoir.

M. DUHAMEL.

Ah! Madame! voilà une exigence d'une nature...

MADAME DUHAMEL.

Faut-il que je prie Madame Silvia de vous en prier?

M. DUHAMEL.

Mais, Madame...

MADAME DUHAMEL.

Eh bien! Monsieur, puisque vous persistez dans l'odieux système de tyrannie que vous avez adopté, je saurai prendre mon parti. Aujourd'hui même, une demande en séparation adressée à M. le procureur du roi...

M. DUHAMEL.

Qu'est-ce à dire, Madame! un scandale affreux; moi, conseiller à la Cour royale, vous n'y pensez pas!

MADAME DUHAMEL, *montrant une lettre.*

M. le conseiller à la Cour royale y pensait-il, lorsqu'il écrivait... (*lisant l'adresse*) « à « madame Grumelot?... (*Elle ouvre la lettre.*) « Cher poulet, je t'envoie le compte acquitté « de ta marchande de modes... »

M. DUHAMEL.

Grand Dieu! Madame, ces lettres... Qui a pu?... D'où tenez-vous?...

MADAME DUHAMEL.

Et pour tout ce que j'ai souffert, pour vous

rendre ces lettres qui vous perdraient à jamais, je vous demande le droit de recevoir chez moi quelques amis, et vous me le refusez !

M. DUHAMEL.

Ah ! mon Dieu ! recevez qui vous voudrez, chère Blanche ; suis-je jaloux ? en ai-je le droit ? N'avez-vous pas un thé ce soir ?... Eh bien ! je verrai avec plaisir cesser tous les propos sur M. d'Artelles... écrivez-lui.

MADAME DUHAMEL.

Je ne le puis... C'est vous, Monsieur, qui devez réparer une impolitesse dont j'aurais été incapable. Une lettre de moi ne peut suffire à M. d'Artelles ; il a trop le sentiment des convenances pour s'y rendre.

M. DUHAMEL.

C'est me réduire à une extrémité !...

MADAME DUHAMEL.

Une lettre d'invitation seulement... Tenez,

voici la clef de mon secrétaire (*M. Duhamel s'assied et écrit.*)

M. DUHAMEL, *après avoir écrit.*

Voici, chère Blanche... Que désirez-vous encore ?

MADAME DUHAMEL, *très affectueusement.*

Votre estime, votre amitié, Monsieur... Je mettrai l'adresse.... adieu.... Tenez.... (*elle lui donne le paquet de lettres*) je vous pardonne.

M. DUHAMEL.

Je ne le mérite pas... A ce soir. (*Il lui baise la main*).

(Madame Duhamel sonne, son mari sort, et Ursule entre.)

MADAME DUHAMEL.

A ce soir. (*A Ursule.*) Envoyez cette lettre

URSULE.

Par Joseph ? il sait l'adresse.

MADAME DUHAMEL, *se reprenant et souriant.*

Non, remettez-là à un commissionnaire qui est chez madame Duplantis. Dites-lui que c'est la réponse à son paquet.

TROISIÈME ÉTAGE.

La Chambre à Coucher.

SCÈNE PREMIÈRE.

GUGUSTE MARIANNE.

GUGUSTE.

Je veux mon pantalon neuf et mes souliers de bal.

MARIANNE.

Par la boue qui fait, monsieur Gugus, c'est pas raisonnable.

GUGUSTE.

Que vous êtes bête, Marianne! comme si

j'allais à pied quand je vais chez papa Hector.

MARIANNE.

Qu'est-ce que vous dites-là, Monsieur?

GUGUSTE.

Dans le faubourg Saint-Germain, un hôtel superbe; comme si on entrait là avec des souliers crottés.

MARIANNE.

Mais c'est M. Grumelot qui est votre papa.

GUGUSTE.

Ah! oui, mon second! Ah! le vieux jobard. Je le haïs-ti.

MARIANNE.

On sonne, c'est peut-être lui qui rentre.

GUGUSTE.

Ou bien maman, qui est sortie après lui.

(Marianne va ouvrir. Gustave s'habille, et en se regardant dans la glace, il recule et marche sur les pieds de M. Grumelot qui entre.)

SCÈNE II.

GRUMELOT, GUGUSTE.

GRUMELOT, *vivement.*

Tu ne peux pas faire attention, petit imbécille.

GUGUSTE.

Est-ce que je vous voyais, moi? Fallait regarder.

GRUMELOT.

Où est ta mère?

GUGUSTE.

Est-ce que je sais, moi? Fallait lui demander, vous le sauriez.

GRUMELOT.

Elle est sortie, ta mère?

GUGUSTE.

Qu'est-ce que ça me fait, moi? Fallait rester vous l'auriez vu.

GRUMELOT.

Guguste, sur quelle étoile as-tu marché en te levant? Tâche d'être poli un peu, et réponds, méchant drôle.

GUGUSTE.

Qu'est-ce que vous voulez que je vous dise; maman est sortie; voilà tout, et elle va revenir pour m'emmener.

GRUMELOT.

Où ça, monsieur? où ça?

GUGUSTE.

Ah! vous m'embêtez joliment! Où je veux, donc!

GRUMELOT.

Ah! c'est ainsi que tu réponds, polisson!

GUGUSTE, *le menaçant.*

Ne m'appelez pas polisson! Encore... Peut-être...

GRUMELOT.

Ah! polisson, tu me menaces, polisson... polisson... polisson!

GUGUSTE.

Ah! vieille carcasse!

GRUMELOT.

Comment dis-tu?

GUGUSTE.

Vieille carcasse!... vieux co...

GRUMELOT, *lui donnant un soufflet.*

Tiens, voilà pour toi, petit insolent.

GUGUSTE, *criant et pleurant.*

A l'assassin! à la garde! à l'assassin!

SCÈNE III.

GUGUSTE, GRUMELOT, SILVIA.

SILVIA, *accourant.*

Ah ! quelle horreur ! monsieur Grumelot; quelle infamie ! Un homme de votre classe battre un enfant comme celui-là !

GRUMELOT, *furieux.*

Votre fils est horrible en paroles.

GUGUSTE, *criant.*

Il m'a cassé une jambe ! ah !... ah ! ah !

SILVIA.

Monstre de brutal ! allez... Viens ici... pauvre ami !... C'est à peine s'il peut marcher, cet enfant.

GUGUSTE, *sanglotant.*

Ah ! ah !..... Maman...... c'est parce que je voulais vous défendre.

GRUMELOT.

Ah! par exemple, celui-là est un peu fort... Il m'a appelé vieux co...

SILVIA.

Taisez-vous... Il a raison cet enfant... Un homme comme vous, battre le fils d'un duc et pair!... Ne pas mieux se connaître! Si vous aviez pour deux sous de cœur, vous lui demanderiez pardon.

GRUMELOT.

Par exemple, j'aimerais mieux... voyez-vous... Ah! mais... Oh!...

SILVIA

Quoi! vous aimeriez mieux!... Monsieur Grumelot, vous allez demander excuse à cet enfant tout de suite.

GRUMELOT.

Madame Grumelot... c'est un caprice.

SILVIA.

C'est comme ça... Vous vous passez bien les vôtres, vous.

GRUMELOT.

Moi, des caprices! quelle bêtise!

SILVIA.

Pas si bêtise, vous vous êtes bien passé celui de m'épouser! Il faut que je me venge à mon tour.

GRUMELOT.

Qu'est-ce à dire, Madame Grumelot?

SILVIA.

Que m'avez-vous promis en m'épousant? Que vous ne seriez point jaloux ni tyran, que vous aimeriez cet enfant comme s'il était le vôtre, que je ferais ce que je voudrais.

GRUMELOT, *s'emportant.*

Et vous, que ne deviez-vous pas faire, jour de Dieu! Que, par votre protection, je pourrais quitter mon bureau de loterie, et entrer à l'Opéra en qualité de haute-contre dans les cœurs. Ce n'est pas la voix qui me manque, écoutez plutôt... (*Il chante.*) Do, mi, sol, do; ce n'est pas la méthode, voici... (*Il chante.*)

Le fils des dieux, le successeur d'Alcide,
Thésée, etc.

C'est attaqué; et pourtant voilà trois ans que je suis dans les surnuméraires! Je n'ai pas manqué un concours; où en suis-je? A m'entendre dicter des ambes et des quaternes, tandis que vous passez des ronds de jambes. Non, Madame Grumelot, c'est insupportable, je ne peux pas vivre comme ça; il faut que ça finisse.

SILVIA, *calme.*

Eh! comment ça doit-il finir, Monsieur Grumelot?

GRUMELOT, *embarrassé.*

Ça doit finir.... ça doit finir, enfin....

SILVIA.

Que vous allez vous taire. Voici M. Duhamel, je l'entends. Mais je vous repincerai plus tard, mon cher ami. Guguste, va à la cuisine, et ne tache pas tes effets.

SCÈNE IV.

GRUMELOT, SILVIA, DUHAMEL.

DUHAMEL.

Eh! Monsieur Grumelot ici! Vous êtes paresseux, voisin; vous n'avez pas encore fait vos visites... Bonjour, belle dame.

GRUMELOT.

Pardon, Monsieur le conseiller; je suis même rentré...

DUHAMEL.

Diable! vous êtes d'une activité... (*Bas à Silvia.*) Il faut que je vous parle...

SILVIA.

Ah! mon ami, tu ne nous persuaderas pas que tu as été partout.

GRUMELOT, *comptant.*

Partout... Chez Madame Dehuis... M. et madame Daligne, M. et Madame...

SILVIA.

Tu n'as pas été chez M. Maze, remettre ma carte?

GRUMELOT.

En sortant d'ici.

SILVIA.

Chez M. Lubbert?

GRUMELOT.

Ah ! diable, j'ai oublié.

DUHAMEL.

C'est important, le directeur !

GRUMELOT.

Mais on dit qu'il s'en va...

DUHAMEL.

Mais il peut rester... D'ailleurs, on connaît les noms de ceux qui demandent sa place...

GRUMELOT.

Oui, oui, je sais ; monsieur...

DUHAMEL, *l'interrompant.*

Vous feriez bien d'aller remettre une carte chez chacun d'eux.

GRUMELOT.

Mais ils sont trente au moins.

DUHAMEL.

C'est bien peu pour une place!.... D'ailleurs, ma voiture est à vos ordres, usez-en librement.

GRUMELOT.

Ah! Monsieur le conseiller.

SILVIA.

Oui, mon ami... Va... Songe que j'attends la voiture pour aller faire une visite avec Guguste.

GRUMELOT.

Oui, chère amie... (*Il sort.*)

SCÈNE V.

SILVIA, DUHAMEL.

DUHAMEL.

Quelle est cette visite, Silvia.

SILVIA.

Vous le savez bien... C'est Guguste que cela regarde... Son père désire le voir dans ces jours solennels.

DUHAMEL.

C'est bon... Parlons d'autre chose, ma chère... Voyez ces lettres.

SILVIA.

Grand Dieu! qui vous les a remises?..... Ne croyez pas, Monsieur... Ah! l'on vous a trompé. (*A part.*) Perfide Léon! c'est pour ça qu'il me les demandait.

DUHAMEL.

Non, je ne crois pas que vous en ayez abusé ; mais enfin, comment sont-elles sorties de vos mains ?

SILVIA.

Ah ! mon Dieu !... un hasard bien inouï... Dans un premier mouvement de trouble... surprise par mon mari... (*A part.*) Léon, tu me le paieras !

DUHAMEL.

Enfin ?...

SILVIA.

C'est une imprudence, que je n'ai pas osé vous avouer...

DUHAMEL.

Expliquez-vous !

SILVIA.

Un jour, je les relisais, car c'est mon seul

bonheur quand vous n'êtes pas là, mon ami... Je les relisais, vos lettres; elles sont si spirituelles! c'est ma lecture favorite!... lorsque mon mari entra furtivement et voulut me les arracher. Je les défendis... c'est mon bien le plus cher!... Enfin, il voulut savoir de qui étaient ces lettres, et, plutôt que d'avouer mon secret, je dis, sans y réfléchir, qu'elles étaient de M. Léon...

DUHAMEL.

Ce jeune musicien qui vous donnait des leçons de chant? Un aimable jeune homme.

SILVIA.

Je m'en croyais quitte... mais voilà Léon qui entre au moment même; M. Grumelot lui fait une scène affreuse, et me commande de lui rendre ses lettres. J'avais tellement perdu la tête, que je les lui donne, et...

DUHAMEL.

M. Léon n'est-il pas l'ami de M. d'Artelles?

SILVIA.

Oui,... oui,... certainement...

DUHAMEL.

Ah ! je commence à comprendre... d'où ma femme les tenait.

SILVIA, *à part.*

Je commence à comprendre aussi...

DUHAMEL.

Enfin, qu'est-il arrivé ?

SILVIA.

Que je n'ai pas pu ravoir mes lettres. M. Grumelot n'a plus voulu permettre à Léon de me continuer ses leçons. Je ne l'ai pas revu. Pourtant, voilà M. Léon qui va faire jouer un ballet. Je n'aurai pas de rôle ! Et puis, ma santé se délabre ; il faudra que je quitte bientôt la danse pour le chant. Voyez, mon ami, si je vous aime ! c'est la peur de vous compromettre qui me fait manquer ma carrière... Voilà.

DUHAMEL.

D'ailleurs, ce jeune homme peut parler... Il serait prudent de le voir pour le faire taire.

SILVIA.

Vous ne le pouvez pas... Et moi, je ne sais comment...

DUHAMEL.

Mais il faudra qu'il revienne ici... Il faut que vous repreniez vos leçons de chant...

SILVIA, *avec âme.*

J'aurai un talent de plus pour vous plaire.

DUHAMEL, *l'embrassant.*

Ah ! tu as le plus grand de tous, ange ! c'est que je t'aime.

SILVIA.

Chut, mon mari...

SCÈNE VI.

DUHAMEL, SILVIA, GRUMELOT.

GRUMELOT.

Je n'ai pas été long, j'espère?

DUHAMEL.

C'est que j'ai d'excellents chevaux, n'est-ce pas, monsieur Grumelot?

SILVIA.

Je vais profiter de ce qu'ils sont échauffés... Je vous laisse, Messieurs... (*Elle sort et appelle*) Guguste!..

SCÈNE VII.

DUHAMEL, GRUMELOT.

DUHAMEL.

Eh bien! monsieur Grumelot, les étrennes... Que donnez-vous à Madame, cette année?...

GRUMELOT.

Ma foi, Monsieur le conseiller, j'ai acheté une douzaine de couteaux à bascule, qui lui feront, je l'espère, grand plaisir.

DUHAMEL.

Sans doute, mais à votre place, je voudrais lui faire une galanterie plus utile et d'autant plus agréable, que ce ne sera pas l'affaire d'un jour.

GRUMELOT.

Je suis à vos ordres, Monsieur le conseiller, que puis-je faire pour ma femme ?

DUHAMEL.

Votre femme est une charmante danseuse. Mais c'est un état fatigant... Elle a une jolie voix... elle a l'habitude de la scène, et avec quelques leçons, vous en feriez une actrice fort distinguée; je lui donnerais un maître de musique.

GRUMELOT.

C'est ce que je me suis toujours dit; mais c'est si cher, les maîtres de chant...

DUHAMEL.

Ce n'est pas là une difficulté, entre bons voisins! Mais n'aviez-vous pas, il y a quelques mois, un certain musicien?

GRUMELOT.

Ah! oui, M. Léon...

DUHAMEL.

Il ne devrait pas être cher, un débutant!

GRUMELOT.

A trois heures de tête à tête le cachet... merci, le débutant.

DUHAMEL.

Allons, monsieur Grumelot, n'allez-vous pas être jaloux...

GRUMELOT.

C'est qu'un soir, je les ai surpris...

DUHAMEL.

Oui, des lettres...

GRUMELOT.

Sans lettres, je n'ai pas vu les lettres.

DUHAMEL.

Je sais que vous avez eu la délicatesse de ne pas les lire. C'est bien, monsieur Grumelot. Mais vous, de la jalousie!... c'est un enfantillage!

GRUMELOT.

Cependant, là, sur le piano... j'ai vu...

DUHAMEL.

Du trouble, de l'émotion! Que voulez-vous? une femme surprise... une scène... votre colère... Vous vous êtes trompé...

GRUMELOT.

C'est possible... Pourtant, il me semble...

DUHAMEL, *lui frappant sur le ventre.*

Bon! Voisin, c'est une affaire arrangée... et si vous aviez besoin de quelqu'argent, je suis là. (*Il lui frappe sur le front.*) Pauvre tête! ce jeune homme a une passion bien loin d'ici... gros jaloux.

GRUMELOT.

Vous en êtes sûr?

DUHAMEL.

Certain! Ma femme reçoit ce soir; il y viendra sans doute, car on fera un peu de musique. Je vous l'enverrai.

GRUMELOT.

Que de complaisance?

DUHAMEL.

Mais ne me nommez pas en tout ceci.... Il faut que ceci ait l'air de venir de vous... vis-à-vis de votre femme.

GRUMELOT, *avec importance.*

Certainement! ça lui sera bien plus agréable!

DUHAMEL.

Ce brave monsieur Grumelot, qui s'avise d'être jaloux. (*Riant.*) Ah! ah! ah! ah! ah! Quelle folie pour un mari!

GRUMELOT, *riant.*

Quelle bêtise! Monsieur le conseiller.

SCÈNE VIII.

DUHAMEL, SILVIA, GRUMELOT.

SILVIA.

Encore ensemble, Messieurs! Quelle gaîté!

GRUMELOT, *bas à Silvia.*

Je te promets une surprise.

DUHAMEL, *de même.*

C'est arrangé!

GRUMELOT, *bas, serrant la main à sa femme.*

M. Duhamel est un bien digne homme.

DUHAMEL, *avec une fatuité de conseiller, bas et serrant la main à Silvia.*

Ton mari n'est pas fort! ah! ah! ah! (*Ils rient tous les trois avec extase.*)

RÉCAPITULATION.

REZ-DE-CHAUSSÉE. — LA LOGE.

DUPLANTIS, *au haut de la soupente.*

Tirez donc le cordon, vous autres; voilà trois fois qu'on frappe.

PIERRE.

Dormez, Monsieur Duplantis... C'est que le cordon manque quelquefois.

MADAME DUPLANTIS, *à voix basse et émue.*

C'est que tu n'es pas sage... Pierre. . . .
. . . .

(Deux jeunes gens passent.)

PREMIER ÉTAGE. — LE SALON.

(Il y a cercle chez M. Duhamel.)

UN DOMESTIQUE, *annonçant.*

Monsieur Fernand d'Artelles!

SECOND ÉTAGE. — LA CHAMBRE A COUCHER.

SILVIA.

Demain à deux heures, n'est-ce pas, Monsieur Léon, notre troisième leçon? (*A M. Grumelot.*) Ça ne vous ennuiera pas.

GRUMELOT.

C'est juste l'heure où je serai à mon bureau.

SILVIA.

C'est fâcheux.

TRIO NOCTURNE.

TROIS VOIX, *sur le même diapazon. à trois étages différents.*

Enfin, je me suis donné mes étrennes.

MORALE.

Ce que femme veut
Son mari le veut.

Pardonnez les fautes de l'auteur.

NUIT DU 28 AU 29 JUILLET.

Nous étions tous dans le salon de Victor. — Les mandats d'arrêt sont expédiés, nous dit-il, j'en suis sûr. Mais, comme il faut se battre au point du jour, nous ne pouvons pas nous laisser arrêter cette nuit. J'ai un asile; je puis le faire partager à l'un d'entre vous. — J'ai le mien, répondirent aussitôt tous nos camarades. — Et toi? reprit-il en m'adressant la parole. — Je chercherai lui répondis-je. Il insista pour m'emmener avec lui; j'hésitai un moment; enfin je refusai. Je n'avais pas vu mon père de la journée; je pensai qu'il demeurait à deux pas de la porte Saint-Denis, qu'il avait dû entendre la longue fusillade et le canon qui avaient ébranlé le quartier durant tout le jour, et je quittai mes amis. A l'Hôtel-de-ville, à quatre heures, fut le mot d'adieu. Je resserrai la ceinture qui portait mes pistolets et mon poignard, j'examinai les capsules de mon fusil, et je partis.

J'avais besoin d'une retraite. Je ne pouvais rester chez mon père; on savait que mon appartement communiquait avec le sien : ce n'était pas un lieu de sûreté. Lorsque j'avais dit à Victor que je chercherais j'avais déjà pensé confusément à un asile.

Je marchais vite dans ces rues désertes dont le silence laissait vivement retentir quelques coups de fusil épars, et je me disais : Je l'ai si souvent trompée ! me recevra-t-elle? Que de fois, le soir, tendre et suppliante, elle a vainement attaché sur moi un regard qui me priait de rester! La nuit est avancée et froide, me disait-elle; on ne vous attend plus chez vous; vous rentrerez seul, glacé; tandis qu'ici... Je n'écoutais ni son regard, ni ses paroles, et je la laissais. Pauvre fille! elle se prenait à pleurer dès que je ne pouvais plus la voir ou l'entendre; elle voulait m'épargner les remords de ses larmes : enfant! qui croyait qu'il y a un grain de pitié dans le cœur d'un homme qui n'aime plus. En faisant ces réflexions, j'arrivai à sa porte, je frappe, on m'ouvre, je dis son nom : l'heure était indue, et le portier me laissa passer comme s'il m'avait reconnu. M'avait-il pris pour un autre, ou laissait-il entrer ainsi le premier venu? Je ne pus me l'expliquer. Cela me fit penser que Jenny n'était peut-être plus la jeune fille tendre et gaie que j'avais abandonnée. Il y avait six mois que je ne l'avais vue ; six mois de vice! et c'est une femme perdue que je vais retrouver. J'avais honte de ce que j'allais faire. Demander protection à celle que j'avais jetée dans une vie de déshonneur! attendre pitié d'un cœur qui devrait me détester avec rage! Eh bien! c'est un coin de l'âme à visiter, c'est une épreuve à faire. Après mon abandon, si elle me reçoit, elle gagnera la cause des femmes. Allons. Je me dis cela, et je sonnai.

C'est elle qui m'ouvrit. Mon aspect l'effraya : mes armes, mes vêtements en désordre, le visage noirci de poudre, je devais beaucoup ressembler à un coupe-jarret. — C'est moi, lui dis-je en entrant rapidement comme un homme qui sait où il va... Elle poussa un cri dont l'expression m'arrêta. C'était un effroi, un étonnement, une pitié indéfinissables. Croyait-elle que, coupable envers elle, je l'étais déjà devenu envers le monde, et que ce premier pas m'avait poussé dans l'abîme! Supposait-elle que séduire et trahir une jeune fille, cela compte pour quelque chose dans la vie et la réputation d'un homme? Et ne savait-elle pas encore qu'entre nous le mépris et la chance du vice n'étaient que pour elle.

Nous étions dans la salle à manger : un seul

couvert, mis à la hâte, incomplet, rétabli pour un convive attardé; une chaise en face du couvert pour lui, une autre à côté pour Jenny. J'ai été si jaloux que d'un regard je vis tout cela, et lui dis : Il y a un homme ici. Elle tremblait comme si je l'avais quittée le matin. Le premier amant d'une femme est une puissance qui domine toute sa vie.

— Calmez vous, Jenny, lui dis-je alors; cela ne me regarde pas. Une larme qui brilla dans ses yeux m'apprit la brutalité de mes consolations. Qu'était devenu le temps où cela me regardait? Je m'approchai d'elle, et lui prenant la main, j'ajoutai : — Bonne Jenny, je viens, je l'espère, t'apporter un plaisir : je viens te demander un service; j'ai besoin de me cacher cette nuit. — Vous aussi! s'écria-t-elle. — Cette exclamation me surprit. Elle continua avec embarras : — Oui, il y a quelqu'un ici, mais ce n'est pas une personne comme vous pouvez le supposer : c'est quelqu'un que je connais, qui se cache comme vous. — La tournure de cette phrase m'en apprit beau coup sur l'état de Jenny : elle ne disait plus les choses avec le mot propre; le style et l'âme s'étaient corrompus.

Nous pénétrâmes dans le salon; elle allait ouvrir sa chambre à coucher, lorsqu'elle s'arrêta soudainement; elle me regarda avec un effroi scrutateur, et un travail extraordinaire se fit dans sa tête. Pauvre et belle, élevée, m'avait-elle dit, par une vieille mère qui ne lui avait appris que le danger de croire aux serments des hommes, sans penser à la défendre des séductions de son âme ardente et faible, Jenny était une fille ignorante du monde, de ses intérêts et de ses divisions. Cependant tout ce jour de combats, ce peuple en armes contre les soldats armés, le canon qui tonne si haut dans les rues d'une ville, les morts qu'on avait passés sous ses fenêtres, les emblêmes royaux arrachés : elle rassembla toutes ces choses dans sa jeune tête, et la politique se fit jour dans ses pensées. Elle ne chercha ni pourquoi, ni comment cela était venu; mais arrivant tout droit au résultat, elle jugea que le pouvoir voulait ce que le peuple ne voulait pas; elle comprit qu'il y avait des hommes qui demandaient le sang l'un de l'autre, et elle s'arrêta sur le seuil de sa chambre, la main sur la clef de sa porte. — Vous ne pouvez entrer, me dit-elle; la personne qui se cache ne veut pas être connue. — Pourquoi? lui dis-je; si c'est un ami, nous partirons ensemble, nous nous entendrons, et... C'est un militaire! m'écriai-je avec un cri de rage. Je venais de voir un chapeau d'uniforme jeté sur un fauteuil. A peine j'avais achevé, que j'entendis armer un pistolet; la porte s'ouvrit, et je vis entrer un homme. Je levai mon fusil et le mis en joue. Un mouvement soudain, un de ces mouvements que l'âme imprime au corps avec tant de violence, jeta Jenny entre nous deux. — Il m'aime! s'écria-t-elle avec désespoir, en tombant à mes pieds et embrassant mes genoux. C'était un bel enfant de dix-sept ans; des cheveux blonds et riches, un visage admirable et un regard calme et fier comme un homme. Il m'aime! avait crié Jenny; ce mot retentissait, malgré moi, dans mon cœur. La malheureuse était par terre, haletante et pâle. Pauvre fille abandonnée! quelle prière et quel reproche elle venait de me faire! Je posai la crosse de mon fusil sur le tapis, je m'appuyai sur le canon, j'arrêtai mon regard sur cette infortunée suppliante; elle s'empara de ma main que j'avais laissé tomber, et nous restâmes un moment immobiles tous les trois.

Ce moment suffit à beaucoup de réflexions, il suffit à toute une histoire qui se passa dans ma tête. Pour moi, elle avait quitté sa mère qui en était morte de désespoir. Je l'avais aimée avec fureur et délaissée comme un jouet inutile dont le goût est passé. Quel long et douloureux étonnement pour elle, de voir finir dans quelques mois l'amour auquel elle avait destiné sa vie! Je comptai ses jours et ses nuits de désespoir, à l'affreuse révélation de cette misère humaine : puis je vis dans la lassitude de sa douleur un nouvel amour Jeune et vierge, l'appeler, la secourir, la consoler.

Celui-ci elle y croyait encore, elle y puisait la vie et le bonheur; il était là, c'était ce beau jeune homme. Et je la rejetterais encore dans le vide d'une existence que rien ne suit et ne protège! Je compris alors toute la force de ce mot : Il m'aime! ce n'est pas la grâce de son amant qu'elle demandait, c'était la sienne. Non, non... lui dis-je, avec un sourd gémissement, je ne serai pas deux fois le bourreau de ton âme : qu'il vive et qu'il t'aime, je te dois bien cette consolation.

Je sortis du salon sans regarder le jeune militaire. J'avais seulement remarqué qu'il cachait son uniforme sous une redingote bleue. Jenny me suivit; je la quittai rapidement, et je gagnai, le plus vite possible, la maison de mon père.

Mon père est malade et goutteux; je le trouvai qui se promenait avec action dans son appartement. — Eh bien! me dit-il. — Nous verrons demain, lui répondis-je. Il se remit dans son lit, et je m'assis près de lui. — Parle-moi de ce que vous avez fait, reprit-il; ici, la fusillade n'a pas cessé, on a tué bien du monde; la maison a été assiégée par le peuple, parce qu'un officier blessé y avait été transporté : on l'a fait évader. — Je murmurai entre mes dents : — On les épargne partout. — Mon père continua : Que ferez-vous demain? — Je me levai avec agitation; Jenny, le beau militaire, tout était oublié : la pensée de tout le jour, distraite un moment, avait repris son empire. Je marchais violemment dans la chambre. Mon père répéta sa question : — Que ferez-vous demain? Je me calmai, et lui répondis froidement : — Nous nous battrons. — Bien, bien ! ajouta-t-il avec un sourire amer d'incrédulité; et si vous êtes vaincus, alors. — Alors, m'écriai-je en sentant mon cœur bondir dans ma poitrine comme un tigre dans sa cage, alors nous incendierons Paris. — Il se leva sur son séant et me regarda fixement. — Oui, oui, lui dis-je, l'incendie partout. L'incendie vomira les populations sur les places publiques. Quand les maisons s'écrouleront, il faudra bien que les habitants descendent dans les rues; quand les rues seront flambantes de débris, il faudra bien que ces multitudes marchent et s'échappent. Que le torrent se mette à courir, et il écrasera en passant les armées de Charles X, ses palais, son trône et sa dynastie. Mon père ne me répondit pas. Un long silence succéda à notre conversation. Puis, comme un homme qui s'apprête à dormir, il se recoucha en me disant tranquillement : — Tu ne sortiras pas ce soir, n'est-ce pas? c'est bien assez des inquiétudes du jour. — Non, lui dis-je en souriant, ce n'est pas pour cette nuit. Il me tendit la main en s'écriant : — Ah! quel crime! quel crime! Parlait-il des ordonnances des ministres, de ce que je venais de dire, je ne m'en occupai guère? A quoi bon chercher des raisons contre une nécessité; et c'était une nécessité pour moi.

Je rentrai dans mon appartement. Depuis vingt heures je ne m'étais pas assis; j'avais supporté un soleil ardent; à peine si j'avais mangé au hasard, et pourtant je n'avais ressenti aucune fatigue jusqu'à ce moment. Quand je fus seul, dans la nuit, éloigné de tout tumulte, l'agitation qui m'avait dominé tomba soudainement, la lassitude m'envahit tout d'un coup, et je me jetai à moitié vêtu sur mon lit. La pensée des mandats d'arrêt traversa mon esprit sans l'occuper. Je compris alors que le sommeil est le premier des besoins, et qu'on peut le préférer à la vie et à la liberté.

Je ne demeurai pas long-temps dans ce repos; un bruit léger qui se mêla d'abord aux rêves fantastiques qui me poursuivaient, s'accrut assez vivement pour m'éveiller. Enfin un coup de sonnette bien décidé m'apprit qu'il y avait quelqu'un à la porte extérieure de mon appartement. J'entr'ouvris ma fenêtre; la cour était déserte, la loge du portier silencieuse : rien n'annonçait la venue d'étrangers ou de gens de dehors. Un second coup de sonnette se fit entendre; je pris mes pistolets, et j'allai ouvrir. Comme j'arrivais près de ma porte, j'entendis une voix qui me disait à travers la serrure : — C'est moi, je suis le docteur T.... ; venez, venez, j'ai besoin de vous. — Qu'y a-t-il de nouveau? dis je en ouvrant. — suivez-moi vite, me dit-il.

Le docteur T..... est un jeune chirurgien qui demeure à côté de moi. Poli, soigneux, sans pitié pour les douleurs physiques, très petit, avec une tête carrée et un front protubérant où il y a à coup sûr du génie ou de l'entêtement : la cranologie et la morale confondent souvent ces deux qualités.

Comme j'entrais chez le docteur, il m'arrêta dans son antichambre, et me dit tout bas : — Vous savez peut-être qu'un officier de la garde s'est réfugié dans notre maison? — Oui, sans doute, lui répondis-je; mais je sais aussi qu'on l'a fait évader. Il est là, reprit le docteur, à deux minutes de la mort; il faut que je constate l'heure où elle arrivera; vous signerez avec moi. — N'y a-t-il aucun espoir, lui dis-je en entrant dans le salon. Il n'eut pas le temps de me répondre, car j'étais près du moribond. Il était étendu sur un matelas, le corps nu jusqu'à la ceinture, sans chemise et avec son pantalon blanc ensanglanté. Une balle lui avait traversé la poitrine d'un côté à l'autre, et lui avait cassé un bras. C'était un homme de quarante-cinq ans, d'un visage noble, sévère. En voyant mes pistolets que j'avais conservés par distraction, il sourit dédaigneusement. Je les jetai avec confusion sur une table, et je vis alors le plus remarquable et le plus curieux acteur de cette scène de mort; c'était la bonne du jeune docteur. Un corps plié en deux et difforme, des mains et des bras d'une longueur et d'une maigreur à lutter avec le squelette d'un Écossais, une figure âcre, des yeux de feu, des lèvres minces et moqueuses, des rides partout, une voix douce et harmonieuse comme celle d'une jeune fille, une légèreté de mouvements remarquable, un empressement distingué dans les soins qu'elle rend à son maître, une expression élégante et triste de ce qu'elle pense; telle est Magdelaine. Elle n'a point de famille; on ne lui connaît pas un parent. Magdelaine a cinquante ans, ou elle en a quatre-vingts; elle m'a prié un jour de lui prêter Kant et Lamartine.

Au moment où j'étais entré, le blessé avait fait signe au docteur, qui m'appela. — Avez-vous des nouvelles de la cour? me dit-il. — La cour est à Saint-Cloud, — Et la maison du roi? — Je crois qu'elle est avec lui. Il ne répondit rien, mais il sembla que je venais de lui donner une bonne nouvelle. La mort s'approchait visiblement. La respiration devenait de plus en plus gênée. Je me penchai sur le malade pour en suivre les progrès, et mes regards s'arrêtèrent involontairement sur ce corps déjà livide. J'étais immobile de surprise. — Que regardez-vous ainsi? me dit-il avec effort. Je m'écriai, sans lui répondre : — Mon Dieu! mon Dieu! que de nobles cicatrices près de cette blessure honteuse. — Aussi, vous voyez qu'elle me tue, répondit le malheureux. Puis continuant, comme s'il se parlait à lui-même, il laissa tomber par phrases entrecoupées: — Certes, à Austerlitz, ce coup de lance était profond... Après Wagram, on parla de me couper les deux jambes... A Leipsick, on m'a retiré du charriot des morts..... A Waterloo, quatre balles ont troué ma poitrine et m'ont laissé debout; cela valait la peine d'y passer. Pauvre France! Vieux drapeau! Je l'ai revu; il était devant moi. J'ai tiré sur lui..... c'est juste...

Je ne sais s'il s'aperçut de la pitié profonde qui me prit en voyant deux grosses larmes qui tombèrent de ses yeux, mais il s'écria avec un mouvement convulsif: — Docteur! docteur! recevez ma déclaration.

— Posez-le sur son séant, me dit T..., il parlera plus facilement. Je m'agenouillai à la tête du malade; je passai mon bras sous son corps, et je le soulevai. Le docteur s'assit sur une chaise, à côté du lit; Magdelaine lui apporta une plume et du papier pour qu'il écrivît sur ses genoux, et resta debout près de lui, tenant une écritoire d'une main, et de l'autre une bougie, qui éclairait faiblement ce triste tableau. — Je m'appelle L. C....., dit alors le mourant; le docteur écrivait; je suis capitaine au 5e régiment de la garde; je suis né à Bergerac; mon fils..... Un hoquet violent interrompit le malheureux. Je cherchai son pouls. — J'ai soif, dit-il avec effort..... — De l'eau, vite, de l'eau! dis-je à Magdelaine. — Elle resta immobile. — Magdelaine, de l'eau! m'écriai-je. — Il n'y en a plus, me dit-elle avec sa voix douce et mélancolique; il n'y en a plus, car ils ont tué le porteur d'eau. — Il s'est donc battu? — Lui, Pierre!... non, non, reprit-elle en domptant son émotion; il passait sur le boulevard, seul et tranquille; il nous portait de l'eau, car nous en avons beaucoup usé à laver les blessures des soldats; l'un d'eux l'a aperçu, et s'est écrié : « J'en aurai un! » et il a tiré sur lui à dix pas. J'étais sur la porte, j'ai vu le coup. Pierre a chancelé comme s'il trébuchait, puis il est tombé dans la poussière. J'ai couru à lui; mais les seaux s'étaient renversés, et avaient fait de la boue : j'ai glissé, je suis tombée aussi; mais moi je me suis relevée. — Et Pierre était sans armes! m'écriai-je; ils l'ont tué sans armes!

Ah! c'est un lâche assassinat! — Oui, oui, dit Magdelaine en laissant couler ses larmes, oui, oui, ils ont assassiné mon enfant!..... Magdelaine avait dit le secret de sa vie.

L'horreur de cette situation nous rendit tout immobiles. Les sanglots de Magdelaine et le râle affreux du mourant se mêlaient dans ma tête comme un bruit douloureux. Le docteur me regardait avec des yeux effarés. Je sentais sur mon bras les dernières convulsions du capitaine, je voyais couler des pleurs bien cruels sur le visage de cette malheureuse mère. Mes idées m'échappaient; je ne pouvais ni parler, ni remuer. Bientôt cependant les symptômes de ces douleurs atroces s'affaiblirent; les mouvements du malade devinrent moins violents et plus rares; l'âme forte de la vieille femme rappela ses larmes à elle, et cinq minutes n'étaient pas écoulées, que le capitaine était mort, et que Magdelaine avait repris son air calme et triste.

— Qu'allons-nous faire? me dit le docteur; je ne puis garder ce corps chez moi : demain après-demain, tous les jours, le combat peut recommencer à notre porte, et je n'ai que la nuit pour me débarrasser de ce cadavre. D'ailleurs, est-il prudent qu'on sache que cet officier est mort ici? le peuple est exaspéré! — C'est juste, répondis-je, aidez-moi; et j'ouvris la fenêtre qui donne sur la rue. Magdelaine me saisit violemment le bras, et dit avec effroi : — Non, non, pas ainsi; si vous saviez ce que c'est qu'un corps humain qui tombe sur le pavé! c'est un choc sourd qui retentirait longtemps à votre oreille. Descendez-le; j'irai ouvrir la porte de la rue, je vous en prie! — Allez donc, nous vous attendons, dit le docteur.

Elle sortit, et nous entendîmes tirer le cordon. Pendant ce temps, le docteur avait détaché l'appareil qu'il avait posé sur les blessures du capitaine. Magdelaine reparut, portant une petite lanterne. Nous prîmes le cadavre; le docteur portait les jambes, comme un homme attelé à une brouette; je soulevai avec effort le haut du corps, et je sentis rouler sur ma poitrine cette tête qui pensait une heure avant. La vieille femme marchait devant nous, et nous éclairait attentivement en descendant l'escalier. Comme nous entrions dans la longue cour qui conduit à la rue, on ouvrit une fenêtre : c'était mon père, qui m'avait entendu sortir de chez moi et qui s'alarmait de mes projets; il se pencha, et nous vit marcher lentement et avec effort sous le poids du cadavre; il devina la vérité, car il resta immobile et ne m'adressa pas la parole. Magdelaine nous précédait toujours. La nuit était éclatante de majesté, le silence profond : je me sentis froid.

Nous étions dans la rue, et nous continuâmes à marcher. Quel fut le sentiment qui nous guida, je ne sais; mais moi, qui me croyais arrivé à l'irréligion par le raisonnement, et le docteur à l'athéisme par l'anatomie, nous prîmes, par un mouvement machinal, le chemin de la prochaine église; et ce ne fut que sur les marches du temple que nous déposâmes le corps du capitaine.

En rentrant dans la maison, je m'approchai de Magdelaine : — Pierre était donc votre fils? lui dis-je. — Oui, mon fils, mon bon fils, un honnête homme. — C'était votre unique enfant?... J'avais été trop loin, car Magdelaine me regarda d'un air étonné ; puis, s'armant de courage, elle me répondit : — Non, non, ce n'était pas mon seul enfant! j'avais une fille, la malheureuse! — Elle est morte? — Morte? reprit la vieille mère, non. — Et me quittant brusquement, elle me devança dans la maison.

Beaucoup de personnes doivent se rappeler avoir vu le jeudi matin un cadavre étendu près d'une barricade sur le boulevart Bonne-Nouvelle. Je le reconnus en passant pour celui du capitaine L. C. que le peuple y avait porté. Il avait déjà les yeux vides et ses blessures étaient violettes. Je m'éloignai rapidement.

Je me rendis à l'Hôtel-de-Ville. . . . . . .

. . . .

Nous arrivions aux Tuileries, et j'étais parvenu à me loger derrière l'une de ces énormes statues qui en soutiennent les grilles. J'étais assez à l'abri du feu de la garde pour pouvoir observer ce qui se passait. J'admirais l'intrépidité de ce peuple qui, comme le flot de la mer qui bat et brise le pied des falaises, venait sans cesse mourir en avançant toujours, se retirait et revenait encore, lorsque mes regards furent attirés par un jeune homme en habit de page, qui, au milieu de la cour des Tuileries, armé d'un fusil et seul, recevait sans bouger la vive fusillade des nôtres.

Quelle surprise! ces cheveux blonds, ce visage parfait, ce regard devenu terrible, c'était le beau jeune homme de Jenny. Par un mouvement soudain, je l'ajustai; dans ce premier transport, il me sembla que c'était une proie échappée que je retrouvais. J'attendis cependant. Je comptais voir dans cette frêle jeunesse un moment de crainte et de peur. Tant d'hommes fuyaient autour de lui que je lui laissai la chance de n'être qu'un homme. Pendant le peu d'instants que dura ma pitié, je suivis avec curiosité tous ses mouvements. Il demeura calme et debout, chargeant avec rapidité son fusil, puis choisissant avec froideur ses victimes. Cinq fois il tira, et cinq des plus braves qui s'avançaient contre lui tombèrent frappés au cœur, sans remuer, morts et tués par une main sûre et un coup d'œil impassible.

Dans ce moment, un enfant, un de ces héroïques enfants qui ont tant fourni de gloire à leurs aînés dans l'histoire de ces sublimes journées, s'élança du côté du jeune page. Mais celui-ci avait eu le temps de recharger son fusil, l'enfant n'était pas à trente pas de lui, la crosse était déjà contre l'épaule; alors le page chancela, laissa tomber son arme, et s'abattit lui-même sur le visage comme un jeune arbre coupé dans sa racine. Je l'avais tué avec ma dernière cartouche.

La cour fut bientôt envahie; une curiosité horrible m'entraîna vers ce malheureux. Il respirait encore, je le relevai, il était appuyé sur mes bras, le visage tourné vers le ciel, le sang sortait à bouillons de sa bouche, il essaya de parler et parvint à prononcer ces mots : — « dites que je suis mort... Henry L. C., mon père le capitaine L. C. » Je ne sais ce qui me saisit au cœur, mais je poussai un cri de désespoir, le corps m'échappa, et la tête alla rebondir sur le pavé : ces adieux d'un père et d'un fils qui se cherchaient à leur dernier soupir, ces deux morts qui se réunissaient sous mes yeux, et puis une idée atroce qui me passa par la tête, j'unis dans une même pensée la vieille Magdelaine et la pauvre Jenny!... Je m'enfuis épouvanté, égaré, insensible à tous ces cris de victoire qui se confondaient autour de moi. Je courus, je courus comme un insensé... j'étais dans la salle du trône. . . . .

. . . .

UN MONTMORENCY.

Le Courrier.

Le 21 juillet 1632, avant le lever du soleil, deux hommes sortirent de la ville de Pézénas dont les portes étaient encore fermées pour tout le monde; ils étaient à cheval et marchaient rapidement. Le plus âgé des deux était un homme de trente-cinq ans et d'une gracieuse tournure. Sous le simple habillement d'un cavalier ordinaire, il portait en lui un air de hauteur qui décelait l'habitude du commandement. Il était silencieux, et sans doute son esprit était occupé de graves réflexions sur quelque important sujet, car son visage changeait d'expression à tous moments, comme celui d'un homme qui discute en lui-même. Monté sur un magnifique cheval qui ne pouvait appartenir qu'à un maître fort riche, on l'eût dit cloué sur la selle tant il y semblait immobile. Son compagnon paraissait avoir une dixaine d'années moins que lui. Il existait entre eux une grande ressemblance, bien que le visage du plus jeune eût une physionomie tout à fait différente de celle du cavalier dont nous avons parlé d'abord, et rien de grave ni de triste ne semblait pouvoir altérer le calme insouciant de ses traits. Sa tenue n'avait pas non plus la raideur qu'on remarquait dans l'autre; il se dandinait sur son cheval tout en lui adressant quelques paroles; regardait de temps en temps son voisin en clignant les yeux d'une façon particulièrement curieuse; puis, le voyant profondément absorbé par ses réflexions, détournait ses regards avec ennui, et se mettait à chanter quelque air à la mode. Il avait commencé une chanson de Bertaud, lorsqu'il fût interrompu brusquement. Il en était à ce couplet :

Quelque jour peut-être toi-même,
De cet heur qui te semble extrême
Tu te verras déposséder,
Car la femme est comme une ville :
Quand à prendre elle est si facile,
Elle est difficile à garder.

Tout-à-coup, le premier cavalier quitte son air sombre, et adressant la parole à son compagnon, il lui dit en souriant :

— Je ferai mentir ton poète, Duellier : dans trois jours, je serai maître de Nîmes, de Beaucaire, de Montpellier, de Narbonne, de toutes les places de la province enfin, et cela sans coup férir; et une fois la prise faite, je te jure, foi de Montmorency, que Richelieu n'y rentrera qu'avec un laisser-passer de ma main.

— Ainsi soit-il, monseigneur, répondit celui que le duc de Montmorency avait appelé Duellier; je crois que si le digne cardinal vient nous attaquer de front, la dague au poing, mèche allumée et l'étendard déployé, nous lui ferons faire pied de grue aux portes de nos bonnes murailles du Languedoc; mais, de par Dieu! je dois l'avouer, j'ai peur de la guerre à l'espion, au poignard, au Jésuite, au poison, au bourreau, manières de vaincre que le tonsuré rouge entend à merveille.

— Hé! Duellier, reprit le duc Henri, tu ne rêves que trahison; avec ton air de confiance et d'abandon, tu es le plus soupçonneux gentilhomme que je connaisse.

— Monseigneur, répliqua Duellier, Desportes a dit dans une villanelle.

Il est aisé de tromper qui se fie.

— Desportes parlait d'amour, dit le duc.

— Et j'applique le précepte à la politique, répondit Duellier.

— Ainsi, reprit Henri, à ton avis, d'Hemeri...

— d'Hemeri est un traître qui amuse les

États du Languedoc sous prétexte de finances, et qui vous dénonce au cardinal, qui ne demande qu'un prétexte pour abattre la seule fortune qui maintenant, en France, puisse porter ombrage à la sienne.

— La sienne! la fortune d'un Richelieu! répliqua Montmorency avec dédain, je la renverserai; il faut que le roi soit le maître enfin; il faut qu'il ouvre les yeux, et cesse d'être l'instrument de l'ambition de son ministre.

— Prenez le cardinal, c'est possible, dit Duellier; pendez-le court et haut, pour qu'il ne se ragrippe pas à la terre, c'est bien; mais ouvrir les yeux de Louis XIII, c'est un miracle que Jésus en personne ne parviendrait pas à faire. Ce n'est pas faute d'avis qu'il est aveugle, et ce doit être sorcellerie, à coup sûr, car dernièrement il a trouvé sur son chevet le joli quatrain que voici :

Richelieu règne en France,
Vive le roi !
Il mange sa finance,
Vive le roi !

Il occit qui le gêne,
Vive le roi!
Il couche avec la reine,
Vive le roi!

— Et qu'a dit Louis? ajouta le duc.

— Il a montré le billet au cardinal, en le plaignant d'avoir de si cruels ennemis; et comme on n'a pu trouver l'auteur du couplet, on a envoyé à la rame de Brest les trois valets de service qui font le lit du roi.

— C'est une honte qu'un tel gouvernement, répondit le duc; si Gaston nous tient parole, nous en délivrerons la France.

— Si..... dit Duellier en levant les yeux au ciel.

— Doutes-tu de la foi du duc d'Orléans? répondit le duc.

— De sa foi, non... de sa constance, oui. J'aimerais mieux garantir celle de Mariette Sillot, dont je suis le trentième amant, que celle de Monsieur. Ce pauvre Gaston, il croit tout ce qu'il dit, mais il n'en tient pas un mot.

— Tu veux donc me détourner de mon projet? dit le duc pensif.

— Moi, s'écria Duellier, je ne veux rien; faites ce qu'il vous plaira. Rappelez-vous le jour où Soudeilles, votre capitaine des gardes, m'amena tout jeune près de vous : — Voici un parent éloigné que votre père mourant vous confie, vous dit-il; prenez-en soin. — Ah! répondîtes-vous en me tendant la main, c'est Duellier, c'est mon frère, et je le traiterai comme tel! — Et vous ne prîtes pas garde à la barre de mes armes pour reconnaître votre sang. Alors, mon frère, je vous remerciai en mon cœur, et je jurai que vous aviez attaché une vie à la vôtre, deux bras à vos bras, et une lame fidèle à votre épée. Faites donc ce que vous voudrez, j'obéirai; mais je vous répéterai le refrain de ma villanelle :

Il est aisé de tromper qui se fie.

— Merci, Duellier, répondit Montmorency avec un regard plein d'amitié; au reste, nous saurons bientôt à quoi nous en tenir sur tes soupçons; car le soleil se lève déjà, les portes de Pézénas vont s'ouvrir, et voici un endroit propre à notre entreprise.

En disant cela, ils entrèrent tous deux dans un petit bois qui bordait la route, et descendirent de cheval. Ils détachèrent chacun de l'arçon de leur selle une longue paire de pistolets, et s'assirent sur l'herbe. Ils reprirent ainsi leur entretien.

— Assurément, dit Montmorency, Monsieur m'a surpris en arrivant si tôt. Rien n'est préparé, et sans le grand coup que je veux frapper demain, son entreprise serait une folie, comme tout ce qu'il tente.

— Vous êtes donc décidé? répondit Duellier.

— Voici ma décision qui vient, reprit le duc; n'entends-tu pas le trot d'un cheval?

— Oui vraiment, mais il ne vient pas de Pézénas; il y va, tout au contraire, et d'un train qui annonce que celui qu'il porte est pressé d'arriver. C'est un courrier de Richelieu à sire Praticelle d'Hemeri, je le parierais. C'est bon, nous ferons d'une pierre deux coups. Nous aurons la demande et la réponse tout à la fois. Allons, je vais le prendre pour faquin *, et voir si l'humidité de la nuit n'a pas pénétré la poudre de mes pistolets.

— Non pas, ajouta Henri de Montmorency; il faut savoir d'abord qui c'est : peut-être est-il des nôtres.

— Et voilà l'ennui des entreprises comme celle-ci, dit Duellier. À la guerre, à la bonne guerre, s'entend, l'un est rouge et l'autre blanc, Anglais ou Français, cela se voit du premier coup; au lieu que, lorsque nous bataillons les uns contre les autres, c'est du diable si on sait sur qui frapper! Et vous-même, à Beaucaire, n'avez-vous pas été obligé de faire battre vos troupes les chemises hors des chausses pour les reconnaître de celles du duc de La Force?

— Il y a des amis qu'on reconnait tout de suite; regarde celui dont tu voulais faire un faquin, dit le duc.

— Hé! Dieu soit béni! c'est Soudeilles,

* Mannequin pour s'exercer au tyr.

votre capitaine! Il va nous dire des nouvelles de la cour. Et Duellier se prit à chanter en criant:

— Mon cavalier, par ici,
Vous trouverez un ami.

— Hé! Soudeilles! Soudeilles!

Celui qu'on appelait ainsi s'arrêta dans sa course rapide; il reconnut le frère naturel de Henri de Montmorency, et s'avança vers le petit bois. Il fut étrangement surpris d'y trouver le duc lui-même; mais avant que Duellier eût pu expliquer à Soudeilles pourquoi ils étaient sortis de Pézénas si matin et en pareil équipage, celui-ci fut accablé de questions par Montmorency.

— Que dit-on à la cour?

— On ne dit rien à la cour, répondit Soudeilles; mais, entre soi, on désapprouve la tutelle où se laisse mettre le roi; l'on plaint la reine-mère d'être sacrifiée par son fils aux exigences d'un ministre, et l'on fait des vœux pour le succès de l'entreprise de Monsieur.

— Tu vois, Duellier, dit vivement Montmorency, la France entière veut son exil. Puis, se tournant vers Soudeilles, il lui dit : Et le cardinal, comment le traite-t-on? il doit pressentir sa ruine dans cet universel mécontentement?

— Ou il l'ignore, ou il le brave, répliqua le capitaine, car il m'a paru parfaitement tranquille ; cependant on ne peut guère supposer qu'il ne sache pas ce qui se dit près de lui, lorsqu'il connaît si bien tout ce qui se fait en Languedoc.

— Il t'a donc parlé de moi? dit le duc.

— Quatre heures durant, répondit Soudeilles. Il m'a raconté votre entrevue avec le comte de Moret *, que son frère Gaston vous a expédié; il m'a dit les menées de messieurs de La Pauze, de Perault, de Fleyres et de Saint-Bonnet pour attirer leurs diocèses dans la révolte. Il m'a surtout beaucoup parlé de monseigneur

* Fils naturel de Henri IV, frère de Louis XIII et de Gaston d'Orléans.

Alphonse Delbenne, évêque d'Albi, et de vos nombreuses entrevues.

— Vraiment! dit le duc. Donc je ne pourrai désormais converser avec un ami, sans être coupable de haute trahison! Il ne t'a rien dit sur la tenue des États?

— Rien, sinon qu'il triplerait les taxes de la province, si elle n'accordait de bonne volonté ce qu'on exige d'elle.

— Justice divine! reprit le duc, après avoir extorqué au Languedoc le plus clair de ses revenus, faire de pareilles menaces, parce que les États présentent leurs doléances au roi! C'est donc un crime que de souffrir?

— Non, reprit Soudeilles, mais de se plaindre.

— Enfin, ajouta Montmorency, que t'a dit le roi?

— Qu'il lirait le mémoire des États...

— C'est-à-dire, dit le duc, qu'il le remettra à Richelieu, et que celui-ci sera juge des plaintes qu'on élève contre lui. Mais le cardinal, enfin, quel est son dernier mot?

— Le voici, dit Soudeilles : Dites au duc de Montmorency de ne point se mêler des petites intrigues de la reine-mère et de son fils Gaston. Assurez-le que ceux qui lui ont dit que j'étais son ennemi, l'ont indignement trompé ; que je ne le suis d'aucun des hommes qui veulent le bien de la France, mais seulement des brouillons ou des ambitieux ; qu'il ne se fie ni à son grand nom, ni à sa grande fortune, s'il trame quelque trahison ; qu'il se garantisse surtout des mauvais conseils, et particulièrement de ceux de la duchesse, sa femme, qu'égare son aveugle attachement pour la reine-mère. Dites-lui que, jusqu'à présent, je le crois innocent, quoique sa conduite soit au moins équivoque; mais que les circonstances deviennent pressantes, et qu'il faut qu'il se prononce hautement. Je n'entreprendrai rien contre lui, mais qu'il n'entreprenne rien contre moi.

Le duc s'arrêta au moment de répondre, et écouta avec attention un bruit qui semblait approcher. Bientôt on distingua le galop d'un cheval, et Duellier dit à voix basse :

— Voici notre homme, sans doute?

Et tout aussitôt il prépara ses pistolets, et s'avança d'arbre en arbre jusqu'au bord de la route, tandis que le duc expliquait à Soudeilles le but de leur expédition. Au moment ou le courrier, qui venait de Pézénas à toute bride, passa devant le bois, un coup de pistolet retentit, et le cheval, frappé à l'épaule, roula sur la route avec son cavalier. Avant que celui-ci eût pu se relever, Duellier lui mit son second pistolet sous la gorge, et le força à le suivre dans le bouquet d'arbres où se trouvait le duc. Le malheureux que l'on venait ainsi d'arrêter se jeta d'abord à genoux, en criant grâce et en offrant son argent à ses agresseurs; mais reconnaissant bientôt en quelles mains il était tombé, il se rassura, et répondit aux questions que le duc lui adressa. Il avoua qu'il appartenait au sieur Praticelle d'Hemeri, intendant des finances, et qu'il allait porter des papiers d'une haute importance au cardinal de Richelieu, à Paris. On lui demanda ces papiers, qu'il remit sans difficulté; et le duc, aidé de Soudeilles et de Duellier, les visita exactement; mais il n'y trouva aucun indice de ce qu'il cherchait. La plupart étaient des procès-verbaux des séances des États; ceux des députés qui s'opposaient aux ordonnances royales et à l'établissement du droit, y étaient nommés, à la vérité, mais plutôt sous la forme d'une relation fidèle que d'une délation.

— Duellier, dit Montmorency après cet examen, tu vois bien que d'Hemeri ne sait rien, ou ne dit rien.

— Cependant on sait tout à Paris, et il faut bien que quelqu'un parle. D'ailleurs, nous n'avons pas fouillé cet homme : et s'il a quelque message secret, sans doute il le tient soigneusement caché.

Le courrier eut beau protester qu'il avait remis tout ce dont il était chargé, Duellier le força de se dépouiller entièrement, tâta ses habits l'un après l'autre, pour voir s'il n'y avait rien de cousu dans les doublures, et ne parvint à rien découvrir. A ce moment, Soudeilles, qui s'était éloigné un moment, revint chargé de la selle du cheval blessé.

— Si d'Hemeri, dit-il, écrit au cardinal des choses que nul autre que lui ne doit voir, certes, il n'a pas pris un tel homme pour garder ses secrets. Voici un confident qu'on n'interroge pas, qu'on n'arrête pas, qu'on n'achète pas, cherchons-y, et nous trouverons le secret, si secret il y a. Et il jeta son fardeau par terre.

Duellier, avec la pointe de son épée, mit la selle en lambeaux, et, sous le double cuir dont elle était revêtue, trouva enfin des papiers. Le courrier fut seul surpris de cette découverte. Montmorency prit rapidement les dépêches secrètes des mains de Duellier, et lut ce qui suit :

« MONSEIGNEUR,

« Ainsi que je vous l'ai dit dans ma dernière lettre, le temps presse. La province est travaillée plus que jamais en faveur de Monsieur. Le duc a eu jusqu'à ce jour l'habileté de ne faire que des démarches qui, selon les circonstances, paraîtront sous un jour différent. Ainsi, il a déjà fait lever et mettre au complet les régiments de Berri, de Languedoc, de Rieux, de Perault, qui lui sont dévoués, tout prêt à s'en servir selon le côté où il croira devoir se ranger. D'après vos ordres, j'ai voulu le faire enlever par un parti de gentilshommes que je conduisais moi-même, lors de son dernier voyage à Montpellier, mais il était si bien accompagné, qu'il a fallu se résigner à le laisser passer après force compliments. »

— Le lâche coquin ! s'écria Duellier en interrompant la lecture de la dépêche ; nous étions, je crois, une douzaine à cheval sans autres armes que nos pistolets et nos épées, et nous les avons rencontrés au nombre de plus de cent, l'arquebuse allumée et le pot en tête.

Soudeilles lui fit signe de se taire, et le duc continua.

« Je ne perds pas cependant l'espoir de m'emparer du duc ; mes espions ne le quittent pas, et s'il a l'imprudence de s'éloigner de Pézénas sans escorte, il sera dans vos mains avant que la province se doute de sa disparition. Ce grand coup frappé, toute la machine de Monsieur tombe aussitôt ; il ne recueille quelques partisans qu'en leur promettant que le duc se rangera de son parti, et lui amènera tout le Languedoc. Abattre Montmorency, c'est abattre le parti de la reine-mère et de Monsieur. C'est donc là qu'il faut viser. Mais, pour y parvenir, il faudrait gagner la confiance du duc, l'attirer dans quelque faux semblant de conciliation, loin de Pézénas, et alors, avec quelques hommes dévoués, je réponds du reste ; mais vous seul pouvez lui faire faire des ouvertures à ce sujet : il ne les accueillerait de moi, ni à cause de sa défiance, ni à cause de la disproportion des rangs. Commencez donc, j'achèverai. Si vous pouvez le déterminer à aller à Laitoure, c'est partie gagnée, la ville est des nôtres. Je crois qu'il aurait grande confiance dans le maréchal de Châtillon; chargez donc celui-ci de l'entrevue, sans l'avertir de rien : car il serait homme à trahir l'embuscade. Pour moi, je serai prêt : et puis, l'affaire faite, on laissera crier le vieux maréchal, qui en sera pour ses plaintes. »

Le duc regarda Soudeilles et Duellier qui ne put s'empêcher de s'écrier :

— Ah ! maître Praticelle, sieur d'Hemeri, il n'y a pas dans Pézénas un bout de corde, ou tu seras pendu ce soir de ma main à la porte du château !

— Ce n'est pas lui, s'écria le duc, ce n'est pas lui qui mérite la corde! c'est ce damné cardinal; et, sur mon âme, Duellier, si tu te charges du valet, je suis homme à serrer le cou du maître..... Ah ! Richelieu ! que je te tienne à la pointe de mon épée, et je mettrai, foi de Montmorency, rouge sur rouge, sang sur pourpre, ou ma lame cassera sur tes os !

— Silence dit Soudeilles, ces paroles peuvent être un arrêt de mort.

— Pour moi peut-être qui les prononce, n'est-ce pas, Soudeilles? dit le duc avec dédain.

— Non, répondit le capitaine en montrant le courrier, mais pour celui qui les entend.

— Tu as raison, reprit Duellier, nous avons trop causé.

Et, sans rien dire de plus, il déchargea son second pistolet dans la tête du malheureux messager; puis tous trois reprirent au grand trot le chemin de Pézénas.

Le Jésuite.

Le soir même de ce jour, il se tenait une assemblée nombreuse dans la maison d'Alphonse Delbenne, évêque d'Albi; un grand nombre de députés aux États s'y trouvaient; parmi eux on remarquait, à son air affairé, messire Guillemin ou Guilleminet, comme l'appelaient les enfants, à cause de l'exiguïté de sa taille. Chacune des personnes présentes avait été appelée par un message secret et pour affaire urgente, de façon que beaucoup de groupes s'étaient formés dans tous les coins de la salle, et l'on s'y entretenait activement de l'état de la province et de l'arrivée de Monsieur; on y cherchait aussi à deviner la cause de la réunion, lorsque le maître de la maison parut, accompagné de trois personnes, toutes attachées au service de Montmorency. Nous en connaissons déjà deux, Soudeilles et Duellier; la troisième était un prêtre d'une joyeuse apparence : c'était le père Arnoux, de l'ordre de Jésus, confesseur du duc, et son serviteur dévoué. A peine furent-ils entrés, qu'un grand silence se fit, et qu'Alphonse Delbenne prit place sur un fauteuil élevé sur une estrade. Ses premières paroles furent pour remercier les députés sur leur empressement à se rendre à son appel; ensuite de quoi il leur raconta comment un courrier, adressé au cardinal, avait été attaqué par des brigands qui l'avaient dépouillé de tout ce qu'il portait; comment ces bandits avaient dédaigné de prendre ses papiers, qui avaient été trouvés par des paysans; et comment ces paysans les avaient remis à monseigneur de Montmorency, qui venait de les lui transmettre.

Le père Arnoux, qui avait écouté tout ce récit avec une attention profonde, se tournant alors vers Duellier avec un sourire équivoque, lui dit à voix basse :

— C'est assez bien imaginé....

— C'est la pure vérité, répliqua Duellier en le toisant dédaigneusement de ses yeux à demi fermés.

— Précisément, repartit le jésuite; mais cela n'empêche pas que ce soit fort bien imaginé à ces paysans d'avoir remis ces papiers à monseigneur. De qui viennent-ils?

— D'un traître que je pendrai de ma propre main, si Henri veut me le permettre, répliqua Duellier en regardant le père Arnoux en face.

—C'est fort bien imaginé, dit celui-ci d'une voix caressante; mais écoutons monseigneur Delbenne.

— Si ce jésuite tremble ou pâlit à un seul des mots de cette lettre, je le poignarde à l'instant, dit tout bas Duellier à Soudeilles.

On ne peut assurer que le père Arnoux eût entendu ce mot, car son visage resta immobile et épanoui comme de coutume ; seulement il s'appuya le dos à la muraille, et bâillant d'une manière peu courtoise, il dit assez haut :

— Ah ! j'ai trop mangé à souper...

Puis il étendit nonchalamment ses jambes, essaya de poser sa tête d'abord à droite, puis à gauche, et enfin, l'appuyant dans un juste équilibre sur sa poitrine, il se laissa aller à un doux sommeil. Ses voisins, qui avaient suivi ses mouvements, en souriaient entre eux, lorsque la voix d'Alphonse se fit de nouveau entendre. Il commença la lecture de la lettre qui avait été surprise par Montmorency. A chaque phrase, elle était interrompue par les exclamations des députés et surtout par celles du greffier Guillemin, qui ne trouvait pas de supplice assez fort pour le traître qui avait ainsi dénoncé le duc, le bienfaiteur de la province, le défenseur zélé de ses franchises et libertés. Pendant toute cette lecture, Duellier ne quitta pas de l'œil le visage endormi du père Arnoux; il redoubla d'attention lorsque la lettre d'Hemeri, dont on n'a lu qu'une partie dans le premier chapitre, parla des moyens d'espionnage qu'il employait pour connaître le secret des conciliabules des députés. A ce moment, comme si le révérend jésuite eût éprouvé une suffocation, il laissa échapper un long soupir saccadé. Duellier le dévora du regard ; mais le visage resta calme, le soupir se perdit dans un léger ronflement, et le bon prêtre murmura entre ses lèvres vermeilles :

— Ouf! j'ai trop mangé à souper...

— Et c'est vrai, dit Soudeilles à Duellier; je ne sais d'où te vient l'idée de soupçonner ce goinfre. Jamais je ne l'ai vu que manger ou dormir, et ce ne sont pas là les qualités d'un bon espion.

— Je crois que tu as raison, dit Duellier en considérant la figure béate du jésuite.

A ce moment, l'évêque d'Albi continua sa lecture. On découvrit dans la lettre par quelles ruses on se jouait des États et de leurs réclamations, en les promenant d'atermoiement en atermoiement, jusqu'à ce qu'ils se rendissent de guerre lasse, ou jusqu'à ce qu'on eût pu réunir assez de troupes pour les forcer à obéir. Enfin, au milieu de la stupéfaction générale, Alphonse arriva à cette phrase terrible : « Quant à tout ce qui peut se tramer de secret entre les députés des États, fiez-vous à moi : j'ai dans leurs plus intimes conseils un drôle expert en cette matière, toujours l'œil ouvert et l'oreille au guet, et qui ne laisse échapper ni la moindre parole ni le geste le moins significatif. » Alphonse Delbenne s'arrêta après ces mots, et chacun, dans un profond silence, regardant avec inquiétude son voisin, semblait vouloir deviner le traître à côté de lui, lorsqu'un grognement bien prononcé appela tous les yeux du côté du père Arnoux; on le vit alors assis sur son banc, les jambes étendues, les bras pendants, la tête penchée, et soufflant de tout le pouvoir de ses poumons. Aussitôt les députés, oubliant leur première terreur, se prirent à rire, et le sire de Guillemin, qui ne manquait aucune occasion de se récrier et de tapager, se mit à dire avec une terrible gaîté gasconne, et en saisissant le père Arnoux à la gorge :

— Et de par le diable ! je tiens le traître; il faut que je lui serre le cou... Et il le serra véritablement de toute sa force. Le père Arnoux, se réveillant en sursaut, à moitié étouffé par la plaisanterie du greffier, passa deux ou trois fois la main sur son cou, comme pour y rétablir la libre circulation de l'air ; puis, promenant sur l'assemblée un regard encore endormi et presque hébété, il dit, après un effort :

— Décidément, j'ai trop mangé à souper.

Cette réflexion fut le signal d'un rire universel. Alphonse Delbenne laissa à cet accès de gaîté le temps de se calmer, satisfait en lui-même de cet incident, qui n'avait pas laissé aux députés le loisir de se livrer à leurs craintes;

puis, profitant du premier moment de calme, il leur parla ainsi :

— Sans doute, messieurs, il y a des traîtres parmi nous ; mais je sais un moyen assuré de déjouer leurs lâches délations : c'est de prendre toutes nos résolutions au grand jour ; c'est, armés que nous sommes de cette lettre, de refuser hautement l'octroi des taxes aux commissaires du roi, ou plutôt aux commissaires du traître cardinal, et d'en remettre l'emploi à monseigneur de Montmorency, gouverneur de la province, jusqu'à ce qu'il soit fait droit à nos réclamations.

— Oui ! oui, s'écria-t-on de toutes parts...

— Et il faut recevoir Monsieur dans la province, ajouta Guillemin, pour qu'il rétablisse l'État en ordre et bonne marche...

— Non, non ! s'écrièrent quelques députés ; ceci serait rébellion et crime de lèse-majesté.

— Mais le duc acceptera-t-il l'octroi en son nom ?

— Il l'acceptera au nom du roi, répondit

Soudeilles, et pour l'intérêt de sa cause compromise par la méchante administration et l'exaction de son ministre Richelieu.

— Et nous sommes tous trois ici pour vous assurer de sa parole ; Soudeilles, son capitaine des gardes ; le révérend père ici présent, son confesseur ; et moi Duellier, son frère naturel.

Après cette déclaration, les députés chargèrent Alphonse et Jean de Saint-Bonnet, évêque de Nîmes, de rédiger les déclarations de concert avec les envoyés de Montmorency. Immédiatement après, l'assemblée se sépara, et la plupart des députés, au lieu de rentrer chez eux, se répandirent par la ville, afin d'aller visiter leurs collègues, de réchauffer les indolents, d'encourager les timides, et d'effrayer ceux qui tenaient pour le cardinal. A l'instant où la salle allait être vide, le père Arnoux se leva, et s'apprêta à sortir.

— Où allez-vous donc? lui cria Duellier.

— Je vais me coucher, répondit naïvement

le jésuite ; j'ai l'estomac lourd ; j'ai trop mangé à souper.

— Laissez ce ventre aller dormir, dit l'évêque d'Albi avec mépris; à quoi peut-il nous être bon ? Puis il ajouta, au moment où le père Arnoux se retirait, après une humble salutation : — Comment le duc peut-il avoir un pareil butor à son service ?

— Le duc n'aime pas que le confessionnal soit rude, répondit Soudeilles.

— Je sais, je sais, dit Delbenne, le jésuite lui passe une jolie fille pour chaque bon morceau qu'il avale : c'est leur affaire. Pensons à la nôtre.

Aussitôt ils se mirent à l'œuvre. Pendant ce temps, le père Arnoux descendait l'escalier de la maison avec lenteur et mesure; mais à peine fut-il dans la rue, que sa marche devint d'une telle rapidité, qu'on eût eu peine à le suivre. L'idée qui le poussait le dominait tellement, qu'à plusieurs fois il laissa percer sa préoccupation en paroles entrecoupées.

— Oh ! monseigneur Delbenne, disait-il,

factieux en rochet, gendarme en soutane, Dieu te garde du ventre! Ou je ne suis pas jésuite, ou le ventre mangera ta tête, monseigneur.— Mais ce d'Hemeri, autre traître... Ah! sire d'Hemeri, le drôle vous vendra cher ses drôleries. Ce pied-plat dont je fais la fortune, qui s'avise de parler comme il le fait!

A cet instant, il se trouva au coin d'une haute maison où brillait encore une lumière. Il frappa à une porte basse, et un valet, qui semblait posté à cet endroit pour l'attendre, lui ouvrit immédiatement. Le jésuite le suivit, et il fut introduit dans une chambre somptueuse. Un homme en robe de chambre de velours, les pieds perdus dans une longue et épaisse fourrure, malgré la chaleur de la nuit, y était assis devant une table où il écrivait. Il fit signe au père Arnoux de s'asseoir, et finit une addition commencée.

— Ce qui fera, dit-il, un bénéfice net de 5,885,000 livres pour la suppression des élus et de leurs charges.

— Quoi! dit le jésuite, la province gagnerait un si gros intérêt à la suppression de ces administrateurs ?

— Non, répondit d'Hemeri, ce n'est point cela ; je calculais qu'on pouvait faire droit aux plaintes des États en détruisant les charges des élus ; mais comme le traitant des taxes du Languedoc les a pris à son compte, et leur doit la paie de leurs offices, il est juste que la province lui rembourse ce paiement.

— Mais assurément, dit le prêtre, si on abolit les charges, le traitant ne paiera plus ceux dont il ne tirera aucun service.

— Et c'est pour cela que je calculais, répliqua d'Hemeri, que le traitant trouvera un bénéfice net de 5,885,000 livres à cet arrangement. C'est une idée qui m'est venue aujourd'hui, et que je vais transmettre au cardinal, qui peut en tirer bon parti.

— Et vous aussi, sans doute? dit le jésuite...

— Moi, dit l'intendant des finances en souriant financièrement; je donne mes idées pour ce qu'elles valent.

— Et vous ne me les donnez que pour ça, dit le père Arnoux ; le traitant le sait, je suppose?

— Eh ! eh ! eh ! répondit l'intendant des finances, puisque je vous dis que j'écris au cardinal demain...

— A propos, ajouta le jésuite, ne lui avez-vous pas envoyé un messager ce matin ?

— Assurément, dit d'Hemeri.

— Vous n'avez pas oublié votre promesse, j'espère, continua le prêtre avec un aimable sourire de confiance, et vous lui avez parlé de mon dévoûment à sa cause?...

— Comment donc! s'écria d'Hemeri, je lui parle de vous dans les termes les plus pressants.

— Et vous lui avez aussi inspiré l'idée... vous savez... l'idée... dit en souriant toujours le benin jésuite.

— Assurément, Alphonse Delbenne, ne peut garder son siége, et je vous ai désigné comme le seul capable de le remplir dignement.

— Et vous m'avez nommé à son éminence, n'est-ce pas? continua le père Arnoux, l'œil quêteur comme un homme qui craint qu'on n'ait oublié quelqu'une de ses prétentions.

— Eh! le cardinal ne voit que votre nom dans mes lettres, dit le sieur Praticelle; je l'y mets à toutes les lignes.

— Merci, dit le jésuite; car si vous l'aviez écrit à une seule page, il y a quelque chose à parier que je ne pourrais pas vous dire à l'heure qu'il est que vous en avez menti.

— Que voulez-vous dire? reprit l'intendant d'un air de hauteur.

— Je veux dire, répliqua le jésuite, que vous avez trouvé bon de me sucer mes secrets jusqu'à la moelle pour vous en parer auprès du cardinal, tandis que moi, je n'étais qu'un drôle, expert à voir et à avertir, auquel vous deviez, sans doute, donner quelques écus pour sa peine.

— Je ne vous comprends pas, s'écria le financier, stupéfait du mot *drôle* qu'il avait employé dans sa lettre, et qui lui annonçait suffisamment qu'elle était connue.

— Vous me comprendrez mieux quand je vous dirai, dit le prêtre d'un ton mieilleux, qu'il me faut immédiatement une lettre de vous pour le cardinal, dans laquelle vous lui rendrez un compte fidèle de tous mes services.

— Mais je vous dis que c'est chose faite, répondit le financier.

— Alors, dit le jésuite en se levant pour sortir, ne vous étonnez pas si vous êtes pendu demain matin.

— Pendu! s'écria d'Hemeri en sautant de son fauteuil sur le père Arnoux, et en s'accrochant à lui de toutes ses forces... pendu! mais comment cela?...

— Parbleu! dit celui-ci avec sa face épanouie, comme on pend, avec une corde et une potence.

— Mais pourquoi, mon Dieu! pourquoi?...

— Ah! voilà mon secret! et celui-ci, donnant donnant, répliqua le prêtre.

— Parlez, dit d'Hemeri, et à l'instant même vous aurez cette lettre.

— Donnez la lettre; et je parlerai : tant pis pour vous, messire Praticelle, mais vous m'avez appris à passer les marchés. Je ne donne mes secrets que pour ce qu'ils valent.

— Eh bien! reprit le financier, si je vous donne cette lettre, me sauverez-vous?...

— Non; ceci est une autre affaire : d'abord la lettre, pour savoir pourquoi on veut vous pendre; ensuite nous traiterons pour le salut...

— Pendu! pendu!... répéta plusieurs fois d'Hemeri... Mais, misérable, parleras-tu?...

— C'est aussi difficile que d'écrire, dit le jésuite; c'est à vous à m'encourager.

D'Hemeri se promena quelque temps dans sa chambre, dans une cruelle agitation, puis il s'assit devant sa table, et dit tout à coup avec colère...

— Eh bien! voyons, que faut-il que j'écrive?

— Vous le savez bien, dit le père Arnoux

d'un ton insinuant ; ce sont des choses que je ne puis dicter : ma modestie ne me permet pas de le faire. Cependant vous m'avez dit souvent que vous promettriez les plus belles récompenses à celui qui vous livrerait les secrets de Montmorency. Quelquefois vous m'avez complimenté sur mes talens, et vous leur avez prédit une haute fortune. Dernièrement, vous avez eu une peine infinie à faire taire les scrupules de ma conscience, et vous n'y êtes parvenu qu'en me montrant la place où je pourrais maintenir, par mon autorité, les sujets du roi dans son obéissance. Un jour, vous m'avez assuré que le diocèse d'Albi, infecté de religionnaires comme il l'est, avait besoin d'une main ferme pour prévenir la révolte... Que sais-je ? vous parliez si bien ! Rappelez-vous tout cela...

— C'est bon, c'est bon, dit d'Hemeri en écrivant ; voilà qui est fait. Puis il remit sa lettre au jésuite, qui, après lui avoir indiqué quelques corrections, la plia et la mit dans sa poche.

— Et maintenant ? dit d'Hemeri.

— Maintenant, dit le jésuite, voici pourquoi vous serez pendu.

Et alors il lui raconta l'arrestation du courrier, et l'assemblée tenue chez l'évêque d'Albi.

— Je suis perdu ! s'écria le financier après ce récit ; le duc va me faire arrêter ; il peut me faire pendre... me faire pendre !

— C'est ce que je vous disais, répondit le jésuite.

— Qui me sauvera ! s'écriait le financier en parcourant sa chambre à grands pas ! Ah ! misérable fourbe ! si tu m'avais dit cette équipée du duc, je l'eusse fait enlever ce matin, et tout serait fini, et je serais surintendant.

— Et moi ? dit le prêtre doucement.

— Ah ! que ne t'ai-je nommé dans cette maudite dépêche ! tu serais pendu, misérable espion !

— Pendu avec vous, tandis que vous le serez tout seul. Dieu punit la trahison, messire Praticelle, tant pis pour vous.

— Mais que faire ! mon Dieu, que faire !...

reprit le financier en se laissant tomber sur sa chaise avec désespoir.

— Bonne nuit, lui dit le jésuite en le saluant et en sortant....

— Père Arnoux! s'écria d'Hemeri; par grâce, mon bon père, mon ami, ne me laissez pas ainsi... Sauvez-moi, sauvez-moi! Et il se jeta sur le jésuite, et s'attacha de nouveau à ses habits,... en criant: que voulez-vous? qu'exigez-vous?...

— Rien, moins que rien, dit le père en revenant; une seconde lettre...

— Pour qui? dit d'Hemeri.

— Pour le Traitant... Deux mots, un ordre de me compter le quart de ce que vous avez évalué votre idée sur la suppression des élus: le quart d'une petite affaire pour un intendant des finances doit être une fortune pour un jésuite.

— A l'instant, à l'instant, répondit d'Hemeri. Et il remit aussitôt un bon de deux cent mille livres au révérend... Et maintenant, mon ami, que dois-je faire?...

— Dormir en paix, répondit le jésuite. Et, sans attendre la réponse du financier, sans s'arrêter à ses cris, il sortit de la chambre et regagna la maison du duc.

La Défaite.

Un mois après ces diverses scènes que nous venons de rapporter, à une petite lieue, tout au plus, de Castelnaudary, au bord du Fresquel, étaient assemblés une douzaine de gentilshommes, tous en habit de combat, le casque en tête, la cuirasse sur le dos. La discussion semblait animée; mais trois seulement des personnes présentes semblaient y prendre part : c'étaient Gaston, frère de Louis XIII,

Montmorency, et Metternich. Celui-ci était un chanoine de Liége qui commandait deux mille chevaux que Monsieur avait pris à son service dans les Pays-Bas, et les Polaques, cavaliers polonais qui s'étaient engagés pour la garde de sa personne et la défense de l'artillerie. C'est Gaston qui parlait.

— Je ne vous comprends pas, Montmorency, disait-il ; ou vous avez mal examiné les troupes de Schomberg, ou c'est un coup de fortune qu'il ne faut pas échapper. Il ne compte, dites-vous, que douze cents chevaux, six compagnies d'infanterie de cinquante hommes chacune, et quatre cents mousquetaires des gardes, méchantes troupes qui, pour avoir la prétention de se battre à pied et à cheval, ne se battent bien ni à cheval ni à pied; et vous hésitez à les attaquer lorsque nous avons avec nous deux mille hommes de pied, trois mille chevaux, plus de cinq cents volontaires, et trois canons! Quelles sont vos raisons, Monsieur? Ne puis-je plus compter sur vous?

— Monseigneur, reprit Montmorency avec un air d'humeur, je vous en ai donné de suffisantes, si vous vouliez vous-même les comprendre. Je vous dirai donc encore que, malheureusement, j'ai dû vous recevoir en Languedoc avant que mes mesures ne fussent entièrement prises : il en est résulté que beaucoup de villes, où j'aurais pu jeter des garnisons lorsqu'elles ne soupçonnaient rien de notre intelligence, nous ont fermé leurs portes depuis qu'elles ont vu, par votre arrivée, qu'il s'agissait d'une rébellion ouverte. Je vous ai dit que nous manquions d'appui dans le pays, et, qu'à l'exception d'Albi que tient le comte de Moret et de Béziers, nous n'avons aucune place importante dans nos mains. Je vous rappellerai que, dans cette situation, le moindre échec nous perd entièrement. Déjà les cinq mille Napolitains qui devaient débarquer en Roussillon ont rompu leur marché à l'annonce de l'approche du roi. Marsiac, à qui vous avez donné douze cents écus pour s'emparer du château de Saint-Félix, vient de le rendre à Schomberg moyennant dix mille livres. Alphonse Delbenne s'est fait battre par le maréchal de La Force, et monseigneur de Saint-Bonnet n'a pu tenir à Nîmes. Vous avez pu juger par vous-même combien ces revers ont refroidi l'ardeur de vos meilleurs partisans; jugez de ce que ferait aujourd'hui une défaite.

— Mais c'est une victoire que nous perdons, répliqua Monsieur impatiemment.....

— Peut-être, reprit le duc en toisant avec mépris le gros chanoine de Liége. Du reste, quoique je sois prêt à obéir aux ordres de votre altesse, je n'en persiste pas moins à dire qu'il est plus sage de laisser ici un millier de chevaux pour amuser Schomberg, et de nous porter sur Castelnaudary qui n'est qu'à une heure de marche, de nous en emparer, et de le fortifier convenablement : nous verrons ensuite.

— Je comprends les dessins de monsieur de Montmorency, dit le sieur de Metternich avec une grosse hauteur d'Allemand; il lui sera plus facile de négocier la paix avec Richelieu derrière les murs d'une place forte, qu'en rase campagne.

— Monsieur, lui dit le duc en le regardant fixement, si j'avais voulu faire cette lâcheté, et traiter pour moi seul, vous ne seriez pas ici pour me le dire, et monseigneur d'Orléans n'y serait pas non plus pour entendre ainsi parler d'un gentilhomme français par un soldat à gages, sans lui imposer silence.

— Sans doute, sans doute, Montmorency, nous vous devons l'entrée du Languedoc, je le sais, dit Gaston; mais, encore une fois, pourquoi refuser cette bataille? Si la perte de quelques-unes de nos espérances a ralenti l'ardeur des nôtres, une victoire nous les ramènera.

— Monseigneur, ajouta Montmorency, je vous le dis encore une fois, une défaite vous anéantit, et une victoire ne vous sert à rien. Supposez que vous battiez Schomberg aujourd'hui : dans trois jours, il faudra battre le maréchal de La Force. Je consens qu'il soit vaincu : voici venir le roi avec plus de trente mille soldats, auxquels vous n'aurez à opposer qu'une poignée d'hommes affaiblis par vos deux premières victoires. Au lieu qu'en vous jetant dans Castelnaudary, puis dans Narbonne et dans toutes les villes environnantes, vous avez chance d'insurger tout ce pays. En résultat, vous pouvez, en évitant un combat décisif, vous établir dans une bonne place, y soutenir un siège, et traiter alors, à votre volonté, des conditions du renvoi de Richelieu; car n'oubliez pas, monseigneur, que nous ne faisons pas la guerre au roi, mais à son ministre.

— Mauvais moyen! s'écria Gaston. N'avons-nous pas proposé un accommodement au cardinal, il y a quinze jours? et n'a-t-il pas renvoyé Candiac sans daigner même l'écouter?

— Et voilà notre première faute; et c'est vous, monseigneur, qui l'avez voulu, répliqua Montmorency. Vous m'avez forcé à m'adresser à Richelieu, lorsque que c'est Richelieu que nous voulons chasser; vous avez compté sur son influence pour faire rapporter la déclaration du roi qui vous exile du royaume, et c'est cette influence que vous voulez renverser. Qu'y avons-nous gagné? Que Richelieu, qui, jusqu'à ce jour, avait eu assez de prudence pour ne pas irriter la province, s'est encouragé par la faiblesse de nos démarches, et a fait déclarer nul le vote des États, traitant comme coupable de lèse-majesté tout évêque, baron ou député qui ne désavouerait pas ce qu'il a fait, dans les quinze jours, et me jugeant, moi, duc et pair de France, traître et infâme, avec déchéance de mes titres, et confiscation de mes biens. Cette mesure, qui nous a valu tant de défections, c'est votre hésitation qui l'a dictée : craignez que votre opiniâtreté ne nous perde aujourd'hui tout à fait.

— Et c'est là, dit Metternich avec un dédain brutal, ce vaillant Montmorency qui devait nous assurer la conquête de tout le Languedoc! Je veux qu'on me coupe les oreilles, si dans huit jours il vous y laisse de quoi faire enterrer les braves gens qui vous ont suivi.

— Je vous réponds qu'il y aura toujours

place pour vous, répliqua Montmorency, ne pouvant plus se contenir.

— Et pour tout autre qui voudra vous servir de second, dit Duellier en s'avançant.

— Messieurs, messieurs, s'écria Gaston, la paix, s'il vous plaît. Monsieur de Metternich, vous oubliez le rang du duc de Montmorency, et vous, Henri, vous oubliez le mien. Laissons là ces dissentiments, et songeons plutôt à voir ce que c'est que ce gros nuage de poussière qui s'élève là-bas, au bout de la route. Voyez, il y scintille des traits de feu comme des étoiles dans un brouillard; ce sont des casques et des lances, messieurs : aux armes! aux armes! Vous voyez, Montmorency, que Schomberg se charge de fixer nos irrésolutions.

Aussitôt quelques cavaliers s'avancèrent sur la route pour reconnaitre ce détachement; mais au lieu de se replier pour donner avis de ce qu'ils avaient vu, ils s'en approchèrent tout à fait, et l'un des chefs de cette troupe, se détachant des siens au galop, arriva bientôt à l'endroit où étaient encore Gaston et ses généraux.

— Ventre-Saint-Gris ! comme disait monsieur notre père, que faites-vous là, monsieur mon frère, tandis que monsieur de Schomberg passe le Fresquel sur un vieux pont démoli, et s'avance sur Castelnaudary, et lorsque vous avez là, sous le nez, un pont tout neuf pour y arriver avant lui? Attendez-vous qu'il s'y soit fortifié pour l'attaquer?

En disant ces mots, le comte de Moret se jeta à bas de son cheval, en saluant Gaston et en tendant la main à Montmorency; puis il continua sans attendre de réponse :

— On m'a appris, à Albi, qu'il y avait chance de dégaîner par ici, et j'arrive avec huit cornettes de cavalerie pour prendre un peu d'exercice et m'assouplir les membres, attendu que ce damné Alphonse Delbenne m'a gardé deux heures à la messe, dans son église de Sainte-Cécile, où j'ai gagné des douleurs qui me font tenir raide commé un piquet. Il est vrai qu'en guise de sermon il nous a récité une belle satire en vers français contre le cardinal, et que l'assistance a eu de quoi rire pour huit jours, tant il y a mis de bonnes plaisanteries.

— Je la connais, dit Duellier, Alphonse m'en a conté des passages à Pézénas; c'est celle où il dit :

Entre l'enfer et l'empirée
La paix est, dit-on, assurée :
Comme cardinal, Richelieu
A son service a le bon Dieu,
Et, pour plus d'un projet sinistre,
Satan le sert comme ministre.

— Eh! c'est toi, mon bon ami Duellier, dit le comte de Moret; nos pères étaient en train d'encorner leurs femmes quand ils nous firent tous deux : c'est à nous à prouver aujourd'hui que le bon sang vient des hommes, et que tu es Montmorency comme je suis Bourbon.

— Cela n'empêche pas qu'il n'y ait une barre à vos armes, reprit le gros chanoine Metternich, le noble le plus invétéré des Pays-Bas.

— Ma barre, répondit Moret, je la cacherai

sous mon épée, et malheur à qui voudra regarder dessous!

Lè Liégeois se mordit les lèvres, et l'on parla des dispositions du combat, que les nouvelles manœuvres de Schomberg rendaient inévitable. On se décida à passer le Fresquel, et Montmorency et Duellier allèrent de leur personne reconnaître la position de l'armée royale. Ils virent que Schomberg s'était établi dans une grande pièce de terre labourée, communément nommée la Fite, située à gauche du chemin qui menait du pont à Castelnaudary. Ce champ, qui était entouré de larges fossés qui en rendaient l'approche fort difficile, dominait la route de façon à écraser ceux qui tenteraient d'y passer. Il était donc nécessaire d'en déloger l'ennemi, si l'on voulait gagner Castelnaudary. Pour y parvenir, Monsieur fit placer, en face de Schomberg et parallèlement au Fresquel, le centre de son armée, dont il garda le commandement. Il était composé de ses volontaires, d'une partie des Liégeois et d'un régiment d'infanterie. Sa gauche s'étendit de même le long de la rivière, sous le commandement du comte de Moret, qui avait avec lui ses huit cornettes de cavalerie, les polaques de Metternich et un bataillon d'infanterie. Le duc de Montmorency prit la droite, et s'avança le long du grand chemin, avec deux cents gentilshommes qui lui appartenaient et un bataillon de pied. De cette manière, l'armée de Monsieur était disposée en forme de potence, ce qui lui donnait l'avantage de pouvoir attaquer M. de Schomberg de front et sur le flanc gauche à la fois.

Montmorency, en se mettant à la tête de sa troupe, avait dit à Duellier de rester auprès du comte de Moret, et de surveiller les mouvements des chefs étrangers, dont il ne se croyait pas très assuré. Aussitôt quelques mousquetaires de l'armée royale s'avancèrent à pied pour escarmoucher; mais ils furent repoussés dès l'abord, et le feu commença entre les deux infanteries. On reconnut bientôt que celle de Schomberg ripostait faiblement, et Montmorency, craignant que le maréchal ne profitât de l'avantage de sa position, pour ordonner la retraite et gagner Castelnaudary, voulut décider l'affaire tout d'un coup, et s'apprêta à charger à la tête de ses deux cents maîtres. Mais au moment où son escadron s'ébranle pour exécuter cette charge, il voit arriver à toute bride le comte de Moret.

— Monsieur le duc, lui crie celui-ci dès que Henri peut l'entendre, faites arrêter vos chevaux, ou ils me passeront sur le corps ainsi qu'à vous. L'honneur de la première pointe m'appartient, et je ne vous le céderai pas, comme fit le duc d'Elbeuf à Beaucaire, bien que sa maison soit la plus ancienne du monde après celle de France.

— Il ne s'agit pas ici des droits du sang, répondit vivement le duc de Montmorency, mais de la prééminence des rangs militaires.

— C'est ce que nous ferons décider par l'assemblée des maréchaux en temps plus opportun, répondit le comte de Moret. Quant à moi, je jure que je ne souffrirai pas que Montmorency prenne le pas quand il y a du sang de Bourbon à l'armée.

Le duc Henri jeta un coup-d'œil sur les troupes de Schomberg, et voyant qu'il s'apprêtait à faire le mouvement qu'il avait prévu, il répondit avec colère :

— Ne voyez-vous pas que Schomberg nous échappe ?

— Je le rattraperai assez tôt, répliqua le comte ; mais ce que je ne rattraperai pas, c'est l'usurpation de rang, dont vous feriez bientôt un droit, si je vous laissais charger avant moi.

— Allez donc, s'écria Montmorency avec emportement, en voyant Schomberg gagner la route.

Puis, l'orgueil de son rang le prenant à la gorge, il cria au comte de Moret :

— N'oubliez pas cependant que si je vous cède la première pointe, ce n'est point à cause du sang, mais parce que vous avez les Polaques sous votre commandement, et que je sais ce que la courtoisie française doit d'égards à des étrangers.

Aussitôt le comte de Moret retourna à la tête de sa cavalerie, se plaça en tête, et lui commanda la charge. Lui-même s'élança le premier, ayant Duellier à ses côtés. Les Polaques les suivirent, précédés par Metternich ; mais à peine le comte eut-il atteint le bord du champ où était posté Schomberg, qu'il fut accueilli par une vive décharge de mousqueterie. Le comte porta la main sur son cœur en poussant un cri, et tomba sans mouvement : il avait été frappé de cinq balles à la poitrine. Duellier, furieux, appela les Polaques, qui s'étaient arrêtés en voyant le comte tomber. Il courut à eux, et voulut les exciter à le venger ; mais Metternich s'écria tout aussitôt qu'ils n'étaient engagés que pour la garde de Monsieur et la défense de l'artillerie, et leur ordonna de retourner. Duellier ne fit pas attendre sa réponse : d'un coup de sa large épée, il fendit le casque du chanoine liégeois, et comme celui-ci voulut tirer un de ses pistolets, il se précipita sur lui avec fureur, en s'écriant :

— Ah! traître! le jésuite Arnoux t'a recommandé à Montmorency; il eût mieux fait de te recommander à Satan!

Et, d'un seul coup, il l'étendit mort à ses pieds; puis il se mit à crier aux Polaques :

— En avant! mes maîtres, en avant! Mais ils étaient déjà en déroute et ne l'entendaient plus. Il resta seul un moment entre les deux armées; puis, mettant son cheval au galop, il courut vers l'endroit où était Montmorency. Le duc avait vu ce qui venait de se passer : dès le commencement de la charge, il avait jugé que Metternich était un lâche ou un traître; car, au lieu d'être avec sa troupe à deux longueurs de cheval du comte de Moret, il en était demeuré à une assez grande distance. Aussi, lorsqu'il vit les Polaques s'enfuir malgré les cris de Duellier, il dit au colonel de Rieux qui était près de lui :

— Trahison! sur mon âme, trahison! Si nous ne décidons la victoire sur-le-champ, tout le reste de cette canaille étrangère va s'enfuir et emporter nos troupes avec elle...

— Monseigneur, lui répondit de Rieux, amenons notre canon et balayons la route, car nos chevaux ne franchiront jamais le fossé qui nous sépare de Schomberg.

— Eh bien! de Rieux, répliqua le duc en riant, il y a longtemps que nous avons gagné nos éperons, il faut qu'aujourd'hui nos éperons nous gagnent la bataille.

— Monseigneur, dit le vieux colonel, je mourrai près de vous.

Mais Soudeilles courant aussitôt après le duc qui faisait ranger les gentilshommes pour la charge, l'arrêta au moment où il allait donner le signal.

— Pour Dieu! lui dit-il, monseigneur, si telle est votre résolution, changez du moins de cheval, ne désignez pas le but à nos ennemis; ils ont déjà frappé la tête de l'armée, c'est leur en montrer le cœur à découvert que de marcher sur eux en pareil équipage.

En effet, Montmorency était monté sur un superbe cheval gris pommelé, empanaché de plumes de couleurs isabelle et incarnat qui appelaient tous les regards. Quant à lui, il n'avait qu'un simple corps de cuirasse damasquiné d'or et un casque très léger.

— Tant mieux! répondit le duc, s'ils reconnaissent Montmorency, la main leur tremblera de tirer si haut.

— Elle ne leur a pas tremblé, reprit Soudeilles, pour abattre le frère du roi, Antoine de Bourbon, comte de Moret. C'est un coup dont ils doivent être contents.

— Alors, s'écria Henri avec cet enthousiasme guerrier qui s'étourdit de vaines paroles, alors, elle leur tremblera de joie !

Et sans plus attendre, il ordonna la charge.

Ils partirent cinq de front, c'étaient de Breuil, de Raré, de Rieux, de Villeneuve et Soudeilles. Le duc était en avant; sa compagnie des gardes suivait avec celle de Ventadour. Ils approchèrent au galop de leurs chevaux jusqu'à vingt-cinq pas de l'infanterie royale, et ils n'étaient plus qu'à dix pas du fossé, lorsqu'ils furent reçus par une décharge générale. Douze des gentilshommes de la compagnie du duc tombèrent morts, plus de trente furent blessés et démontés, le reste prit la fuite; mais aucun des cinq capitaines ne bougea, non plus que le duc, qui brandit son épée et s'élança en avant; les cinq capitaines intrépides le suivirent, et franchirent le fossé avec lui, l'épée haute, les éperons aux flancs de leurs chevaux. Après cet effort prodigieux, ils firent encore quelques pas, mais l'exemple qu'ils devaient à leurs soldats était accompli. Les blessures saignèrent; le courage qui avait surmonté la douleur fut vaincu à son tour; la force manqua à un nouveau dévouement. Villeneuve et de Breuil, tous deux frappés à la tête, tombèrent aussitôt; Raré, les deux bras cassés, ne pouvant tenir ni épée ni bride, fut emporté loin du combat par son cheval; de Rieux, la cuisse fracassée, voulant s'attacher de ses mains à la crinière de son cheval, roula sous ses pieds. Soudeilles était mort; et Montmorency, percé de huit coups de feu, arriva seul jusqu'au premier rang de l'infanterie. Il abattit ce premier rang, il abattit le second, le troisième, le quatrième, le cinquième, le sixième, et, arrivé au septième avec seize blessures, il y tua encore trois hommes avec le tronçon de son épée brisée. Le bataillon était traversé et le duc avançait toujours, lorsqu'il entend autour de lui bruire avec fureur le nom de Montmorency, prononcé d'abord par le baron de Guitaud. Trois cavaliers s'élancent à la bride de son cheval; c'étaient le baron de Laurières, son fils, et le sieur de Beauregard, qui crie au duc de se rendre. Celui-ci répond à Beauregard par un coup de pistolet qui glisse sur sa cuirasse et lui perce le bras gauche; Beauregard riposte de la main droite, et traverse de deux balles la figure de Montmorency. Le baron de Laurières s'avance l'épée haute, le duc le renverse d'un seul coup du pommeau de son pistolet, arrive à son fils et lui arrache son épée; mais à peine se trouve-t-il armé de nouveau, sanglant, brisé, haché de blessures et cherchant du regard quelques nouvelles victimes, que son cheval, frappé d e plusieurs coups de mousquet, bronche, se relève, fait quelques pas et s'abat enfin raide mort, à trente pas au-delà de l'infanterie royale, en entraînant son maître. Personne n'eut l'honneur de la chute de Montmorency ; il avait dix-sept blessures quand il tomba.

Le duc tenta de vains efforts pour se dégager ; mais n'ayant pu y parvenir, il se prit à crier tout haut : Montmorency ! Montmorency !.. Boutillon et Sainte-Marie, sergents des gardes françaises, accoururent à ce nom. Le duc, débarrassé du poids de son cheval, se redressa un moment, mais il ne put se soutenir, et dit à Boutillon, qui voulait essuyer le sang qui coulait de sa gorge :

— Mon bon ami, j'ai plus besoin d'un confesseur que de toute autre chose. Tâchez de trouver celui de M. de Schomberg... Puis il s'adressa à Sainte-Marie : — Quant à vous, Sainte-Marie, si vous êtes toujours le brave sergent qui m'avez servi autrefois, prenez cette bague et remettez-la à la duchesse de

Montmorency, avec ce mouchoir teint de mon sang.

Sainte-Marie prit ces deux objets, et Boutillon allait se rendre aux ordres du duc, lorsque Saint-Preuil, leur capitaine, arriva près d'eux.

— Délacez cette cuirasse, et défaites ce casque! leur cria-t-il; ôtez-lui son collet de buffle et son bourlet, ou il mourra de suffocation.

— Ah! Saint-Preuil, lui dit Montmorency, c'est un prêtre qu'il me faut.

— Courage! mon maître, répondit le capitaine, ce n'est rien. Je vais jusqu'auprès du maréchal prendre ses ordres, et je vous ramène son confesseur et son chirurgien. Dieu est bon, mais la médecine n'est pas mauvaise.

— Qu'y a-t-il donc de nouveau? dit le duc en se mettant sur son séant.

— Votre compagnie de gendarmes veut nous tourner; elle est menée par un enragé gaillard, à plumet noir, que les balles ne semblent pas oser toucher.

— Ah! c'est Duellier, c'est mon frère,

répliqua le duc en se redressant tout à fait; puis brandissant son épée au-dessus de sa tête, il se mit à crier : A Montmorency! Monmorency! Mais le sang qui sortait de sa blessure à la gorge faillit le suffoquer, et il retomba dans les bras de Sainte-Marie. Celui-ci, aidé de Boutillon, chargea le duc sur ses épaules et le porta vers une métairie qui était en vue du lieu du combat. Boutillon courut, de son côté, à Castelnaudary pour y préparer un logement. Pendant ce temps, Saint-Preuil était arrivé près de Schomberg; il lui raconta, en peu de mots, la témérité du duc, l'audace de son attaque, et comment il était tombé en son pouvoir. Schomberg, à cette nouvelle, ne put réprimer un premier transport de joie, et se tournant vers ses gentilshommes, il leur cria vivement :

— Messieurs, messieurs, faites sonner la retraite; la bataille est gagnée, la guerre est finie : Montmorency est pris!

Le Ministre.

Le combat que nous venons de raconter, et qui avait à peine duré une demi-heure, avait eu lieu le 31 août, et le 27 octobre, Montmorency, traduit devant le parlement de Toulouse, comme coupable du crime de lèse-majesté, était entré dans cette ville sous l'escorte du marquis de Brézé. Une heure après son entrée, un homme du peuple, vêtu des plus grossiers habits, sortit de Toulouse, et se dirigea vers le Clusel; puis, arrivé à quelque distance des remparts, il quitta le grand chemin, et se jetant dans un bois, il se mit à courir d'une extrême rapidité. Cette course dura pendant plus d'une heure, et c'est à peine si un cheval au grand trot eût pu la devancer. Cet homme atteignit enfin un vaste enclos, au milieu duquel s'élevait une maison seigneuriale, comme il s'en trouve encore beaucoup sur les bords de la Garonne. Cette maison avait deux tourelles, et la plus élevée portait une girouette. C'était la demeure du baron de Saint-Jordi. Le coureur au lieu de reprendre haleine, frappa vivement à une porte petite et basse, masquée par un épais fourré de broussailles, mais personne ne lui répondit de l'intérieur, seulement il vit à travers les branches déjà dépouillées des épines vinettes, des mûriers sauvages, et des églantiers, deux soldats, l'arquebuse haute, et qui semblaient chercher à deviner d'où venait ce bruit : le nouveau venu se tint immobile pendant que les gardes à plumes rouges promenaient leur regard quêteur tout autour d'eux ; puis, quand il les vit s'éloigner, il s'élança avec une merveilleuse agilité, saisit le chaperon du mur, et, s'aidant des mains, des pieds et des genoux, il l'eut bientôt enfourché : un coup de feu l'avertit qu'il avait été aperçu, ou entendu, et il sauta dans l'intérieur de l'enclos. Un moment après, il avait gagné la maison, et, voyant que la porte principale en était gardée par deux sentinelles, il se dirigea vers les communs, entra dans un fruitier, fit une corbeille de fruits, quitta son chapeau et revint avec l'apparence d'un paysan attaché au service de la maison. Il passa devant les gardes d'un air d'insouciance complète, et, l'un deux l'ayant interrogé, il lui répondit en patois languedocien :

— Es per lou dejjuna della princessa de Coundé.

— Qu'est-ce que tu dis, huguenot? reprit le soldat; crois-tu parler à un chien, de venir me baragouiner ton patois au nez? Où vas-tu?

— Ount baou? répliqua le paysan; baou

pourta lou dejjuna della princessa de Coundé.

— Et n'entends-tu pas, dit l'autre garde, qu'il te répond qu'il va porter le déjeuner de la princesse de Condé? Sans doute elle offre la collation à monseigneur.

— A la bonne heure, dit le premier garde en prenant la plus belle poire du panier ; il est juste que monseigneur ait ses rafraîchissements.

— Bonhomme, dit le second garde en arrêtant le paysan, c'est moi qui vous ai fait passer ; attendez donc un peu ! et il se munit d'une superbe grappe de raisin. Après quoi, le porteur de la corbeille put entrer, tandis que les sentinelles goûtaient la collation de monseigneur.

A peine fut-il dans le vestibule, qu'il laissa à gauche les offices et les cuisines, et s'introduisit par une porte dérobée dans un long couloir qui menait à l'un des petits escaliers enfermés dans l'épaisseur du mur d'une des tourelles dont nous avons parlé. Il monta lestement jusqu'au premier, et se trouva dans une vaste chambre à coucher; il la traversa rapidement, et s'apprêtait à pénétrer plus loin et à soulever la portière qui le séparait d'un grand salon, lorsqu'il s'arrêta au bruit d'une voix douce et pateline. Cette voix était celle du père Arnoux, et Duellier, en l'entendant, tira la dague qu'il tenait cachée sous sa veste, résolu à le punir d'une trahison qu'il soupçonnait d'instinct, car il n'en avait point encore la preuve.

— Madame disait le jésuite, croyez-en la parole de monseigneur, ce n'est point en cherchant à pénétrer jusqu'au roi et en paraissant forcer sa volonté, que vous exciterez la clémence de Sa Majesté, et obtiendrez la grâce de votre frère.

— La grâce de mon frère! reprit la princesse de Condé; est-il donc condamné?

— Il est coupable, du moins, dit une troisième personne, et le parlement est juste.

— Le parlement, répondit madame de Condé, n'a pas le droit de juger le duc de Montmorency; sa qualité de pair de France le place au-dessus d'un pareil tribunal.

— Vous oubliez, répliqua Richelieu, que le roi l'en a dégradé par ordonnance du 25 août.

— Alors, c'est donc le roi qui le juge? ajouta la princesse. Que sont donc devenus les priviléges de la noblesse et de la pairie de France, si le jour où ils peuvent nous défendre, le roi a le droit de les abolir? Autant vaut nous réduire tout d'un coup au rang des manans! Qu'est-ce qu'un soldat à qui l'on ôte son épée au moment du combat? C'est une dérision qu'une telle ordonnance! Et le parlement a osé prendre la charge d'un tel jugement?

— Il a voulu s'abstenir; mais la volonté royale a été inflexible. Il s'assemble aujourd'hui même, sous la présidence du garde-des-sceaux.

— Du garde-des-sceaux! répéta la princesse avec une vive surprise; sous la présidence de Châteauneuf? Le premier président ne vous a-t-il pas semblé assez dévoué? Châteauneuf a accepté! Misérable! élevé dans la maison de mon père!

— Vous voyez, dit le cardinal en l'interrompant, qu'on a confié le sort de M. de Montmorency à ses amis.

— Vous l'avez confié, répliqua la princesse, à ceux qui vous ont promis sa tête.

— La justice du roi lui appartient, Madame, reprit Richelieu, et il en dispose à son gré.

— Ah! s'il en disposait à son gré, s'écria madame de Condé, vous ne me retiendriez pas aux portes de Toulouse, vous ne m'interdiriez pas la présence du roi.!

— Eh! Madame, reprit le cardinal, que feriez-vous de plus que vos amis? Le maréchal de Châtillon a demandé cette grâce au Roi comme récompense de ses services; Bullion, envoyé par Monsieur, s'est trouvé trois fois sur le passage de Sa Majesté, s'est jeté à ses pieds au nom du duc d'Orléans; la Reine elle-même a promis d'en parler au Roi. Que feriez-vous de plus, je le répète, Madame?

— Hélas ! monseigneur, je lui dirais, moi, de ces choses qu'un ami, quel qu'il soit, n'ose et ne peut dire. Je lui représenterais que ce n'est point à lui que s'est adressé la rébellion, mais à ceux qui, depuis quatre ans, se jouent de mon frère, et le rendent suspect à sa majesté ; je prouverais au roi qu'il ne s'est armé que pour sa sûreté, tout entouré qu'il était d'espions et d'assassins. J'ajouterais, Monsieur le cardinal, qu'il doit prendre garde à frapper une tête si haut placée ; je lui rappellerais les larmes des habitants de Castelnaudary, de Leitoure et de toute la province, qui lui ont crié grâce pour leur bienfaiteur. Je lui demanderais s'il croit mériter l'amour des peuples, en ordonnant un jugement qu'il ne peut assurer que par la violence. Toulouse, la fidèle Toulouse, dont le parlement a cassé la délibération des États avant aucun ordre du roi, ne se trouve plus assez fidèle maintenant, tant ce qu'on lui demande est inouï : on fausse son parlement, on enlève à ses capitouls la garde de ses portes, on la traite en ville rebelle et vaincue, on l'emplit de soldats, on étouffe le murmure populaire. Est-ce donc si exacte justice, que celle qui a besoin de tant de défense et d'appui? — Oui, Monsieur le cardinal, je lui dirais tout cela. Je lui dirais encore de vouloir bien mettre en balance les conseils de son ministre et les larmes de toute une province; et si toute justice était morte au cœur du Roi, je l'épouvanterais des remords de son crime, je lui dirais comment Henri IV, son père, a vu souvent près de son lit l'ombre de Biron lui présentant sa tête sur la pointe de l'épée qui avait vaincu pour lui..... Je lui dirais, Monseigneur, que le duc de Montmorency, est le fils de ce Montmorency à qui son père, Henri IV, doit le trône, et qu'un jour viendra où le remords les jettera tous trois debout au pied de sa couchette royale pour lui demander compte de ce noble sang de Montmorency qui a tant coulé pour celui de Bourbon.

Le cardinal prit un air sombre à ces paroles, et la princesse, exaltée, tombant à genoux, continua en pleurant :

— Puis, mon Dieu, je vous implorerais d'attendrir son cœur à mes larmes; je me jetterais à ses pieds, je me traînerais à ses genoux, à ceux de la reine, aux vôtres, monsieur de Richelieu.

Et comme la princesse s'était traînée véritablement jusqu'au cardinal, il voulut la relever, en lui disant :

— Ah ! Madame, que faites vous ?...

Mais madame de Condé, s'attachant fortement à lui, s'écria avec désespoir :

— Monsieur, Monsieur, vous le voyez, je suis à genoux, je vous demande sa grâce à genoux; entendez-vous, Monsieur? la fille d'un Montmorency, la femme d'un Bourbon est à genoux devant vous, qui pleure et qui prie : prenez pitié d'elle, Monseigneur ! Monseigneur prenez pitié d'elle !

— Ah ! Madame, s'écria-t-il, pourrai-je jamais m'humilier assez pour vous avoir vue dans cette posture ! Grâce et pardon pour moi,

Madame! Je vous obéirai, je ferai tout ce que vous voudrez. Et lui-même posant un genou à terre pour soutenir madame de Condé, elle se jeta tout en larmes, et suffoquée de sanglots, sur son épaule, et lui, se mettant tout à fait à deux genoux devant elle, lui répétait sans cesse :

— Pardonnez-moi, Madame! pardonnez-moi!

Enfin, aidé du jésuite, il parvint à relever la princesse de Condé, et à la poser dans un fauteuil. Elle était dans un si misérable état, qu'il fallut lui ôter sa coiffe et la délacer.

— Voyons! voyons! s'écria le cardinal, de l'eau, du vinaigre! N'appelez pas; vous connaissez la maison : cherchez quelque part...

— J'y vais, répondit le père Arnoux. Et tout aussitôt il courut vers la chambre à coucher; mais à peine en avait-il laissé retomber la portière derrière lui, que Duellier, l'arrêtant d'une main et lui présentant son poignard de l'autre, lui dit rapidement et à voix basse :

— Si la grâce d'Henri n'est pas signée dans cinq minutes, tu ne sortiras pas vivant de cette maison.

Le jésuite demeura pétrifié, la bouche béante et les yeux effarés; mais il prit le temps de se remettre pendant que Duellier lui répétait sa menaçante injonction, et il lui répondit avec une assurance parfaite :

— Pourquoi croyez-vous que j'aie amené le cardinal ici? Laissez-moi passer dans ce cabinet pour y prendre un flacon pour la princesse, et vous allez juger de mon dévouement à Monseigneur.

Aussitôt il sortit du côté du petit escalier dérobé, et Duellier, écartant légèrement la portière, regarda dans le salon; il vit sa sœur qui revenait à elle, et M. de Richelieu qui l'éventait avec un livre ouvert, en lui disant :

— Calmez-vous, Madame, calmez-vous, nous le sauverons; s'il le veut, nous le sauverons. La princesse se remit à ces paroles, et demanda d'une voix mourante ce qu'il fallait faire. Richelieu s'assit près d'elle, et se pencha presqu'à son oreille pour lui parler : Duellier devint plus attentif.

— Écoutez, Madame, dit rapidement Richelieu, le duc est coupable; j'ai dans les mains la preuve de son crime, j'ai la copie de toutes les lettres qu'il a écrites aux députés des États, soit pour les séduire, soit pour violenter leurs votes. Je puis appeler tous ces témoins contre lui, et renverser son système de défense, qui repose sur la nécessité de sa défense personnelle. Je puis prouver qu'il avait eu des communications avec Monsieur avant que j'eusse ordonné de l'arrêter, ainsi il est perdu; une seule ressource lui reste, c'est d'avouer son crime. Louis XIII, Madame, pardonnera à un sincère repentir, mais non à une hautaine obstination, et vous seule peut-être, Madame, pouvez donner un tel conseil à M. de Montmorency.

— Et qui me garantira ce pardon, reprit la princesse.

— Moi, Madame, répondit Richelieu.

— Ah! s'écria-t-elle avec amertume, vous

l'aviez promis à Bullion lorsqu'il est venu traiter pour la grâce du duc d'Orléans ; vous avez refusé, à la vérité, de stipuler celle de mon frère dans l'accord écrit entre vous, mais vous avez engagé votre parole à ce qu'il ne serait pas même mis en jugement.

— Sans doute, reprit Richelieu, le duc d'Orléans répand ce bruit pour excuser le lâche abandon qu'il a fait des intérêts de votre frère. Mais je vous le jure, Monsieur n'a traité que pour lui.

— Mais pour donner un pareil conseil à mon frère, il faudrait que je le voie, Monseigneur.

— Vous pourriez lui écrire, répondit Richelieu...

Duellier allait peut-être, au risque de sa vie, se présenter et détourner sa sœur de cette démarche, lorsqu'il vit revenir le père Arnoux un flacon à la main ; il crut, sans doute, obtenir plus sûrement la grâce de son frère par la peur et la menace ; car il l'arrête lui raconta la proposition du cardinal à la princesse, et ajouta :

— En retour, que Richelieu signe la promesse de la grâce de mon frère. C'est ton affaire, tu sais si un coup de poignard m'épouvante à donner.

Le jésuite lui fit signe d'être tranquille, et lui dit avec son bénin sourire :

— C'est convenu, bien, très bien.

Il entra, et Duellier recommença à examiner à travers la portière. La princesse était sortie, et Richelieu se promenait activement dans la chambre ; dès qu'il vit le père Arnoux, il lui dit :

— Nous le tenons : elle va écrire ; c'est à vous à faire bon usage de la lettre, à bien persuader le duc qu'un aveu sincère est son seul moyen de salut. J'ai épouvanté la princesse en lui parlant de preuves qui n'existent pas, car nous ne savons rien des intrigues du duc, avant l'ordre que j'avais donné à d'Hemeri de le faire enlever, que par vos rapports. La lettre surprise sur le courrier d'Hemeri peut excuser toute sa conduite postérieure, si mes ordres ne se trouvent pas motivés par ses menées précédentes; la preuve de ces menées manquait à l'accusation; mais l'aveu du duc aplanit tout, et la condamnation est certaine. Encore ce service, mon père, et l'évêché d'Albi vous appartient; déjà vous avez eu deux cents mille livres de d'Hemeri pour avoir surveillé le duc. Je suppose que vous n'avez pas entièrement donné à Metternich les cent mille écus que je vous ai fait remettre pour prix de sa trahison, ainsi vous serez un des prélats les plus riches de France.

En parlant ainsi, Richelieu et le jésuite, qui le suivait pas à pas, s'étaient éloignés jusqu'au fond du salon. Duellier, la rage au cœur, mais n'osant prendre une décision, de peur de perdre tout à fait le duc, était resté immobile à la porte, le cou tendu, la dague au poing, lorsque la princesse reparut une lettre à la main. A cette vue, Duellier, sentant quelle arme elle allait livrer à Richelieu, ouvre la portière, en s'écriant.

— Sur le salut de votre âme, ma sœur, ne livrez point cette lettre à ces infâmes.....

Mais il n'avait pas fait un pas dans le salon, que quatre des gardes de Richelieu s'étaient élancés sur lui par derrière, et l'avaient terrassé. Richelieu s'était reculé, et la princesse épouvantée avait laissé échapper sa lettre, que le jésuite ramassa aussitôt. Lui seul n'était point troublé.

— Quel est cet homme? dit le cardinal, et que veut-il ?

— C'est un homme, dit le jésuite avec onction, qu'égare un sentiment honnête; c'est le frère de monseigneur de Montmorency, le sieur Duellier, si renommé pour son attachement au duc.

— Il était armé? dit Richelieu.

— Non point contre votre Éminence, dit le père Arnoux, mais seulement contre moi.

Il raconta alors ce que lui avait dit Duellier en passant; il dit que, le voyant attentif à regarder ce qui se passait dans le salon, il avait jugé qu'il serait facile de le surprendre par derrière, et que l'idée lui était venue alors de poster quatre soldats dans un petit cabinet, avec l'ordre de saisir Duellier à son premier geste pour entrer dans le salon; puis il ajouta :

— Pardonnez-moi donc, Monseigneur, d'avoir ainsi usé de vos gardes sans votre permission. Le sieur Duellier a la main expéditive : c'est lui qui a tué sur la place le courrier adressé à votre éminence, d'Hemeri ne lui a échappé que parce que quelqu'un lui a procuré un ordre de sortie de Pézénas, et le chanoine Metternich lui doit le coup d'épée qui l'a envoyé prier dans l'autre monde.

— Ah! c'est messire de Duellier, reprit Richelieu froidement et en l'examinant; et sans doute il a entendu ce que je vous disais tout à l'heure? Qu'on l'emmène.

— Ma sœur! ma sœur! s'écria Duellier en se débattant, arrachez votre lettre à ces infâmes! c'est l'arrêt de mort de Henri que vous venez de signer!

La princesse se tourna vers Richelieu;

mais celui-ci, la prévenant, lui dit avec sévérité :

— Madame, vous trouverez bon que je vous donne des gardes. Lorsqu'au lieu d'un rendez-vous on arrange un guet-apens, on mérite peut-être plus de rigueur; mais j'ai pitié de votre désespoir, et je m'abstiendrai de porter mes plaintes au roi.

— Monsieur le Cardinal, répondit la princesse avec indignation, c'est moi, je le devine aux cris de mon frère, c'est moi qui suis tombée dans un infâme guet-apens... Rendez-moi ma lettre, Monsieur!

Le cardinal, sans lui répondre, dit à un sergent de ses gardes, qui était debout à la porte d'entrée :

— Monsieur Vignerod, vous allez prendre mes ordres.

Puis il sortit immédiatement. Arrivé à la portière de son carrosse, il dit au sergent :

— N'oubliez pas que la princesse ne peut sortir de chez elle d'ici à trois jours. Faites conduire cet homme à Toulouse, et que demain matin.....

A ces mots, il se pencha vers l'oreille du sergent. Le jésuite ne put s'empêcher de sourire d'un air affreusement gai; Duellier le toisa avec mépris, mais tous deux eussent été bien surpris, s'ils avaient entendu la fin de la phrase.

— Et que demain matin, dit tout bas Richelieu, on le laisse adroitement échapper, de façon qu'il puisse croire qu'il le doit à une imprudence.

Aussitôt après, il repartit pour Toulouse. A quelque distance de la porte, il rencontra une voiture qui paraissait l'attendre; celle de Richelieu s'arrêta, et un homme qui descendit de celle qui était sur la route y monta aussitôt.

— Eh bien! monsieur de Châteauneuf, lui dit le cardinal, comment cela s'est-il passé?

— Comme nous l'avions prévu, dit le garde-des-sceaux, le duc a rejeté sur votre haine pour lui la nécessité où il s'est trouvé de prendre les armes et de pourvoir aux intérêts de la province.

— Et le parlement dit le cardinal.

— Le parlement hésite, Monseigneur. Si le duc lui disait, avec un air de héros, et cela à la clarté du soleil : Je jure, foi de Montmorency, qu'il fait nuit, j'en connais qui douteraient.

— Tant mieux ; ils en croiront d'autant plus à son crime, répondit le cardinal, lorsqu'il l'avouera lui-même. Faites-lui annoncer que le roi lui accorde la grâce de voir son confesseur.

Châteauneuf jeta alors un regard de côté sur le père Arnoux, qui lui fit un petit salut d'intelligence. Richelieu reprit :

— Et Toulouse ? que dit la fidèle Toulouse ?

— Ce ne sera pas trop de tous les régiments des gardes, des Suisses et des huit escadrons de M. de Brézé pour la contenir le jour de l'exécution.

— Annoncez donc qu'elle aura lieu sur la place du Salin, dit le cardinal.

— C'est bien imprudent, Monseigneur... dit Châteauneuf.

— Eh! dit le cardinal en riant, n'avons-nous pas le vieux Châtillon pour nous tirer de ce mauvais pas?

— Comment cela? dit Châteauneuf.

— Vous verrez, vous verrez, répondit Richelieu. En attendant, qu'on laisse crier la ville et les faubourgs : ils méritent bien cela pour leur bonne conduite.

L'Interrogatoire.

Le lendemain de ce jour, c'est-à-dire le 28 octobre, le duc subit un second interrogatoire. Les deux commissaires du roi, Jean de Lausson et Clément Lelong, furent introduits dans la chambre de Montmorency; ils étaient assistés de quatre conseillers au parlement. Ils s'assirent tous deux devant une table couverte d'un tapis rouge; les conseillers se rangèrent derrière sur de grands fauteuils. A la porte de la chambre étaient deux gardes-du-corps du roi; à côté d'eux, Launay, leur lieutenant, l'épée tirée; près de la cheminée, qu'on avait grillée de fortes barres de fer, le chirurgien du duc; et enfin, sur un pliant, en face des deux commissaires, le duc lui-même, la tête découverte. L'interrogatoire commença.

— N'avez-vous pas appelé dans le royaume, afin d'y porter le trouble et la rébellion, Monsieur, duc d'Orléans, frère du roi? dit le commissaire le Long.

Au moment où Montmorency allait répondre, Jean de Lausson, qui était près de son collègue, toussa légèrement, et regardant le duc d'une façon particulière, il lui fit un léger signe de tête qui semblait vouloir dire de répondre : Non. Montmorency s'arrêta un moment, et jetant les yeux sur les conseillers qui étaient derrière les commissaires, il en vit un qui lui répétait le même signe. Clément le Long, étonné de ce silence, regarda son collégue, et lui dit :

— Ecrivons que le duc a refusé de répondre. Lausson lui fit observer que le duc avait été blessé à la bouche, et qu'il pouvait avoir grand'peine à s'exprimer. Le Long recommença la question.

Le duc, après avoir regardé Lausson, répondit négativement. Il lui fut demandé ensuite s'il n'avait pas entretenu des relations avec l'étranger, contre la sûreté de la France. Un nouveau signe dicta la réponse du duc, et il nia encore qu'il eût approuvé l'entrée des Liégeois et des Napolitains. Les questions se succédant rapidement, les signes et les réponses de même, on arriva à l'affaire de la délibération des États. Le Long, qui n'avait pu dissimuler son humeur de cette dénégation constante, sembla aborder cette partie de l'accusation avec triomphe.

— N'avez-vous pas signé la déclaration des États du 22 juillet? dit-il en prenant cette déclaration, au bas de laquelle était la signature de Montmorency.

Le duc ne put avoir l'idée de nier en présence d'une preuve matérielle, et il allait avouer, lorsque Lausson l'interrompit en toussant si fortement, que l'on ne put rien entendre. Montmorency le regarda, il regarda le conseiller au parlement : le même signe lui conseilla de nier. Cependant il ne put se résoudre à mentir si évidemment, et il dit :

— Quant à cette signature, je ne puis.....

Il n'alla pas plus loin : un nouveau bruit l'interrompit violemment. C'était Launay, dont la haute épée venait de tomber et de se briser en tombant. Le duc se retourna ; Launay, en ramassant son épée, dit, comme un homme emporté par son humeur :

— Oh ! l'infâme drôle ! qui m'a vendu cette épée pour être du d'Éparvins ! il a contrefait la marque, et j'ai été dupé comme un écolier.

Le duc regarda Launay, qui répéta avec affectation, en montrant la lame a un garde :

— C'est bien la marque d'Eparvins, mais elle est contrefaite. Montmorency comprit alors. Le Long, irrité de ces retardements, lui répéta violemment la question. Le duc hésita, et finit par répondre qu'il n'avait pas signé cette déclaration. Le Long, frappant la table du poing et présentant le papier à Montmorency, s'écria avec colère :

— Quoi ! ce n'est point là votre signature?

A ce moment, Launay frappa, d'un air d'insouciance, les deux morceaux de son épée l'un contre l'autre, et le duc de Montmorency répondit :

— Cette signature est contrefaite.

Launay ne put contenir un sourire de joie. Le Long, la main tremblante, jeta la déclaration sur la table, et Lausson dit aussitôt.

— Faites entrer le sieur Guillemin.

On amena cet homme qui avait été greffier des États, et Lausson, lui adressant à l'instant la parole, lui dit :

— Monsieur, M. de Montmorency méconnaît la signature, et prétend que vous l'avez contrefaite.

— Moi ! s'écria le greffier Guillemin avec stupéfaction...

— Je n'ai pas dit... reprit Montmorency.

— Ce n'est pas vous que j'interroge, lui répliqua durement Lausson, craignant de la part du duc quelque parole imprudente. Puis se tournant vers le greffier, il continua :

N'oubliez pas, monsieur que vous avez déclaré que M. de Montmorency vous avait menacé et violenté pour vous faire souscrire à la déclaration du 22 juillet.

— C'est un infâme mensonge, s'écria Montmorency, cet homme fut un des plus ardents promoteurs de cette mesure.

— Et il peut bien avoir contrefait votre signature, continua Lausson en regardant le duc. Messieurs, ajouta-t-il en se tournant vers les conseillers, les chambres vérifieront le fait, nous n'avons charge que d'écrire les réponses de l'accusé et des témoins. Messire le Long, voulez-vous continuer l'interrogatoire?

Le commissaire, qui avait paru découragé, reprit ses questions avec une nouvelle ardeur; mais, à partir de ce point, le duc donna toujours comme excuse de ses actions la lettre surprise sur le courrier de d'Hemeri et la nécessité où il s'était trouvé de se mettre à l'abri des tentatives du cardinal contre lui.

L'interrogatoire étant fini, Lausson, s'adressant au duc, lui dit qu'on allait le confronter avec ceux qui l'avaient arrêté à la bataille de Castelnaudary, et lui lut leurs dépositions, afin qu'il les approuvât où les combattît. C'étaient celles de Sainte-Marie, de Boutillon, de Saint-Preuil, de Jean de Laurière et de Beauregard, qui avaient raconté la chute du duc, comme on l'a lue au chapitre IV. Chacun des témoins appelé à son tour s'approcha, après avoir déposé son épée entre les mains de Launay. Tous, et aucun n'y manqua, commencèrent par saluer le duc et ensuite la compagnie. Chacun recommença sa déposition, qui se trouva en tout conforme à celle qui était écrite; mais chacun y ajouta un regret et une excuse d'être forcé de témoigner contre un si vaillant homme que le duc de Montmorency, ces braves soldats se prenant de pitié de le voir ainsi sur la sellette, pâle et mourant, eux qui l'avaient rencontré si fort et si terrible. Cependant, quand vint le tour du sieur de Comminges, baron de Guitaud, qui était celui qui avait crié lors du combat, et quand le bataillon fut percé : Frappez, c'est Montmorency! un incident s'éleva; Lausson, s'adressant à ce capitaine, lui dit :

— Comment avez-vous pu reconnaître le duc et le désigner ainsi, puisque, de votre aveu, vous ne l'aviez jamais vu?

A ces mots, le vieux capitaine se prit à pleurer chaudement, et, la voix entrecoupée, il répondit en sanglottant :

— Hélas! non, je ne l'ai point reconnu, et nul, eût-il été de ses meilleurs amis, n'eût pu le reconnaître, tant il était couvert de sang et de poussière; mais en voyant un homme seul renverser six de nos rangs et tuer des hommes au septième, je jugeai qui il était, et je criai : C'est Montmorency?

L'interrogatoire terminé, on l'apporta au roi. Il était en ce moment avec le cardinal de Richelieu; mais il quitta soudainement toutes les affaires, et lut avec empressement le papier qui lui fut remis.

— Monsieur, dit-il au cardinal, vous voyez

qu'il a tout nié. C'est votre faute; vos soupçons l'ont jeté de force dans la rébellion.

— Sire, répondit Richelieu, mes précautions pour la sûreté de l'État peuvent avoir été trop empressées; une autre fois, j'attendrai que la révolte soit en pleine prospérité.

— Ce n'est pas cela, Monsieur le cardinal, dit Louis XIII; mais, pour Dieu, débarrassez-moi de cette affaire, pour laquelle vous m'avez forcé de venir à Toulouse. C'est un supplice. Toute ma cour me regarde d'un œil contristé : Châtillon m'obsède; l'archevêque de Narbonne, Raré lui-même, que le duc a fait arrêter après les États, ne me laissent pas un moment de repos, mon frère m'envoie message sur message, Bullion me somme de votre parole. Je veux en finir. D'ailleurs, Montmorency n'avoue rien, c'est le plus brave gentilhomme de France : je lui pardonnerai. Monsieur le cardinal, je lui pardonnerai.

Richelieu se mordit la lèvre inférieure d'un air d'humeur, et répliqua doucement :

— Sire, avec un interrogatoire tel que celui-ci, le pardon est inutile; le parlement ne saurait condamner le duc. D'ailleurs, laissez son cours à la justice. Si elle est indulgente et absout le duc, votre fermeté à le laisser au jugement du parlement avertira vos seigneurs du risque qu'ils courent à se révolter; si elle est sévère et condamne Montmorency, votre clémence en sera d'autant plus précieuse et digne de vous.

— Eh bien! dit le roi, que tout soit terminé demain.

— Demain? reprit Richelieu, il me semble que Votre Majesté avait accordé ce jour à M. de Montmorency pour recevoir les consolations de son confesseur; le cardinal Lavalette me l'a assuré du moins.

— C'est vrai, c'est vrai, dit le roi; mais après-demain qu'il n'en soit plus question.

— Tout sera fini après-demain, répondit Richelieu. Et il quitta le roi.

Le lendemain, 29 octobre, le père Arnoux passa la journée avec le duc de Montmorency.

FIN DU PREMIER VOLUME.

TABLE.

Sceaux. — Impr. de E. Dépée.

3/4 3/4
1

EN VENTE.

MONSIEUR DE GOLDON
Par Mme **DE CUBIÈRES**. 2 vol. in-8.

L'HOTEL DES INVALIDES
Par **E. MARCO DE SAINT-HILAIRE**. 2 vol. in-8.

COLOMBA
Par **PROSPER MÉRIMÉE**. 1 vol. in-8

LES AIDES-DE-CAMP DE L'EMPEREUR
Par **E. MARCO DE SAINT-HILAIRE**. 2 vol. in-8.

PAULINE
Par **GEORGE SAND**. 1 vol. in-8.

LE BALAFRÉ
Par **J. BRISSET**. 4 vol. in-8.

LA VEUVE DE LA GRANDE ARMÉE
Par **E. MARCO DE SAINT-HILAIRE**. 2 vol. in-8.

TRA LOS MONTES
Par **THÉOPHILE GAUTIER**. 2 vol. in-8.

Imprimerie de MAULDE et RENOU, rue Bailleul, 9 et 11.

www.ingramcontent.com/pod-product-compliance
Lightning Source LLC
LaVergne TN
LVHW020609110826
845149LV00002B/423

* 9 7 8 2 0 1 2 1 5 3 2 5 7 *